はじめに

この十数年、万葉集と格闘してきた。それは「大王は神にし座せば水鳥の多集く水沼を皇都と成しつ」（万葉集四二六一）の歌との格闘から始まった。「水沼の皇都」とはどこか、それを建てた大王とは果たして誰か。最初の解は、西暦三六九年（仁徳五十七年）に、宋史日本伝に云う人皇十五代神功天皇（東鯷国出身）が九州の邪馬台国を滅ぼし、筑後国三潴郡大善寺玉垂宮の地に新宮殿を建て、革命王朝を樹立したとするもので、およそ破天荒の仮説だった。

しかし、この時、すでに「倭歌《わか》は歴史事実を詠う」ことを確信し、以来、万葉集や記紀歌謡の解明に努め、逆に記紀に記された歴史を疑い、これらから古代史を解明する道を歩んできた。途中、思わぬ妨害や誹謗中傷を受けたこともある。私の仮説の多くが異端視されたからだろう。

苦節十数年、ようやく単行本を世に問うことにした。この本は決して首尾一貫したものではない。そこで、少しく解題を施しておくことにする。

「『天満倭《そらみつやまと》』考」は万葉集の「やまと」を導き出す枕詞を分析し、古代「やまとの国」が福岡県東部にあったことを示そうとした初期の論考である。

「飛ぶ鳥の明日香」は最も有名な枕詞の一であるが、その語源を徹底して追究した論考である。この追究が拙論「神武は筑豊に東征した」につながった。神武天皇は奈良県大和には東征していなかったことを、倭歌が証言していた。

「真実の仁徳天皇」は、「民のかまど」（聖帝伝説）で知られる仁徳天皇が、オオサザキ天皇ではないことを立証した苦心の論考である。記紀・万葉集から古今和歌集真名序・仮名序、小倉百人一首までを横断し、千数百年ぶりに本物の仁徳天皇を探し当てた論考である。

「鶺鴒《さざき》取らさね」は「真実の仁徳天皇」の続編である。仁徳天皇の身近に存在した女性たちの姿を浮き彫りにした論考である。主に記紀歌謡がそれを印象付ける。

「忘却せられた絶唱」は、万葉集巻二冒頭の相聞歌四首を再考した論考である。キーワードは「仁徳天皇の皇后」である。この女性が誰であるかによって、歌の内容と歴史がまたも一変する。

以上の論考に共通するのが、副題の「倭歌が解き明かす古代史」であり、著者が残りの人生をかけて挑むテーマでもある。

なお、ユーチューブに何篇か講演録があるので併せてお聞きくだされば幸甚である。

二〇一五年三月

福永　晋三

真実の仁徳天皇

倭歌が解き明かす古代史［目次］

真実の仁徳天皇

倭歌が解き明かす古代史

I

「天満倭《そらみつやまと》」考

「やまと」の源流

はじめに

歌謡が歴史事実を語る。万葉集・記紀歌謡を、万葉仮名や原表記に注意し、先入観に捕われずに、あるがままに解釈することから、わが国の古代史の実像を抽出しつつある。例えば、

お佐嘉《さか》の大室屋《おほむろや》に　人多《さは》に入り居りとも　人多に来入り居りとも
みつみつし来目《くめ》の子らが　頭椎《くぶつつ》い石椎《いしつつ》いもち　撃ちてし止《や》まむ　（神武前紀戊午年冬十月）

からは、肥前国風土記「佐嘉郡」の記事との深い関連を見出し、吉野ヶ里遺跡の前期環濠集落に起きた、紀元一世紀頃の天神族対荒神族の興亡の跡を抽出した。また、

大王《おほきみ》は　神にし座《ま》せば　水鳥の　多集《すだ》く水沼《みぬま》を　皇都《みやこ》と成しつ　（万葉集四二六一）

から、「水沼の皇都《こうど》」を福岡県久留米市とその周辺に比定し直し、『范曄《はんよう》後漢書』に謂う「邪馬臺国」が、四世紀後半に東鯷国（大型銅鐸圏、古代丹波王国）から挙兵した神功天皇（宋史日本伝）により創始された革命王朝であることを突き止めた。『三国志』魏志倭人伝に謂う「邪

馬臺国」を併合したのだ。その六代、倭武《わぶ》天皇（倭王武）の行宮跡と思われる「常陸の皇都」（茨城県那珂郡桂村御前山）を飯岡由紀雄氏が再発見し、『隋書』「俀国伝《たいこくでん》」に謂う「東西五月行」を領した「倭の五王」の統一王朝（紀氏王朝）が再確認できた。

今回は、同様の手法を駆使して、倭国の起源すなわち「倭（やまと）」の源流を追究する。

あきつしまやまと

「やまと」の枕詞としては、「あきつしま」「しきしまの」「そらみつ」の三語がよく知られる。

このうち、「あきつしま　やまと」は、

蜻嶋　八間跡能國者　（万二）
蜻嶋　倭之國者　（万三二五〇）
秋津嶋　倭雄過而　（万三三三三）
蜻嶋　山跡國乎　（万四二五四）
安吉豆之萬　夜万登能久尓乃　（万四四六五）

の五例に過ぎない。作歌年代の最古はおそらく二番で、他は巻十三以降となり、倭（やまと）

の源流を探るには二番歌が最も有力な手掛かりとなる。

山跡《やまと》には群山あれど　取りよろふ天の香具山　のぼり立ち國見をすれば　國原は煙立ち立つ　海原はかまめ立ち立つ　うまし國そ蜻嶋八間《あきつしまやま》跡《と》の國は　（万二）

この歌については、藤原定家の「長歌短歌之説」の信憑性を確認した時点で長歌とみなした。その場合、末尾が「豊蜻嶋　八間跡能國者」の七・七の音数律であったものを故意にカットした疑いがあると述べた。そして、

わたつみの豊旗雲に入日射し今夜の月夜さやに照りこそ　（万一五）

を反歌に復した。これらの仮定に立てば、ここのヤマトは豊国（豊前・豊後）を指し、同歌の天乃香具山は別府の鶴見岳に比定することになった(1)。

続いて、古事記の景行記の次の歌謡が、鶴見岳の由来を証明していたことに気づいた。

ひさかたの天の香山《かぐやま》　利《と》鎌《かま》にさ渡る鵠《くひ》　弱細手弱腕《ひはほそたわやかひな》を　枕《ま》かむとは吾はすれど　さ寝むとは吾は思へど　汝《な》が著《け》せる襲《おすひ》の襴《すそ》に月立ちにけり

キーワードは「鵠（くひ）」であった。意外なことに、対馬の伊奈久比《いなくひ》神社社伝からほぐれた。

上古、八幡尊神を伊豆山に祭る時、大空に奇しき声あり、仰ぎ見れば白鶴稲穂を銜《くは》え来り、これを沢の辺に落し、たちまち大歳神となる。その霊を祭りて稲作神となし、新に田を開きて落穂を植え、神饌を得てこれを祭る。これ本州（対馬）稲作の始めにして、伊奈の地名は稲に由来す。（後略）

…イナは稲にちがいないとして、クヒの解釈には通説がない[2]。

クヒは、「くぐい【鵠】クグヒ（ククヒとも）ハクチョウの古称」であり、伊奈久比神社では明らかに「白鶴」を云い、大歳神の化身である。

先の歌は、倭建命が美夜受比売に呼び掛けた歌であり、「ひさかたの　天の香山《かぐやま》　利鎌《とかま》に　さ渡る鵠《くひ》」の利鎌に以下は、鋭い鎌のような細く美しいクヒの首のような（美夜受比売の）腕の形容だったのである。クヒ（白鶴）が「ひさかたの天の香山」への空を渡っている。その実景描写か

鵠（白鶴）の神紋

ら女性の美しい腕の修飾に使われていた。倭建命は、天の香具山とそこに渡るクヒと美夜受比売の腕とを見ているのである。この歌の故事から、「天の香具山」に「鶴見岳」という優美な別称が付けられたのであろう。また、倭建命が死して白鳥と化したことや、豊後に伝わる朝日長者の餅的伝説など、いわゆる『白鳥伝説』（谷川健一、集英社）の内容とも見事に一致する。

なお、鶴見岳には「火男（ほのを）」＝火之迦具土神が祀ってあり、天乃香具山が活火山であったことがわかる。危険地帯に貴人は立ち入らない。そこから、筆者は二番歌の詠歌場所を国東半島東端の奈多八幡宮の神体山、見立山に比定し直したのである。そここそ、豊秋津嶋らしい。現在も大分県国東《くにさき》郡安岐《あき》町である。

以上から、倭建命の「倭（やまと）」も豊国を指しているようである。古事記に最初に「倭」が出現するのも、国生み神話の「大倭豊秋津嶋」の箇所だ。ヤマトの源流は奈良県にはない。この段階で早くも、大芝英雄のとなえた「古事記は豊前王朝史である」とのテーマと、筆者の唱える「万葉集・記紀歌謡の『倭（やまと）』は豊国を指す」との主題は、一致する。これは、両者がヤマトの源流と、これに関わる歴史事実を相当のところ言い当てているからであろう。(3)

しきしまのやまと

次に、「しきしまの　やまと」がある。

礒城嶋能　日本國乃　（万一七八七）
式嶋之　山跡之土丹　（万三二四八）
式嶋乃　山跡乃土丹　（万三二四九）
志貴嶋　倭國者　（万三二五四）
礒城嶋之　日本國尓　（万三三二六）
之奇志麻乃　夜末等能久尓尓　（万四四六六）

の六例だ。これらは、巻九以降に出る歌であり、筆者の「巻一巻二は九州王朝の天子万葉集ではないか」とする立場から言えば、「倭の源流」を追究する手掛かりになりにくい。「日本」を「やまと」と訓じてある例に至っては、万葉集の中でもごく新しい例、少なくとも和銅日本紀の成立と同じ頃か、またはそれ以降の歌と見るよりほかはない。いずれも、八世紀以降の日本国全土を表す、拡大した「やまと」の用例である。ただ、三二五四番の歌は直前の長歌と合せて読むと、ほんのわずかだが「倭の源流」を偲ばせるものがありそうだ。

柿本朝臣人麻呂が歌集の歌に曰く
葦原の水穂の國は　神ながら言挙《ことあげ》せぬ國　しかれども言挙ぞ吾がする　言幸《ことさき》く真幸《まさき》くませ

と　恙無《つつみな》く幸くいまさば　荒磯浪《ありそなみ》ありても見むと　百重浪千重浪にしき　言挙す吾は　言挙す吾は　（万三二五三）

反歌

しき島の　倭の國は　言霊の　助くる國ぞ　ま幸くありこそ　（万三二五四）

人麻呂歌集にあること、また、長歌の出だし「葦原の水穂の國」は古事記に謂う「豊葦原の水穂の國」を連想させることから、あるいは「豊国の倭」を指している可能性を捨てきれない。しかし、現段階では「しきしまのやまと」からは「倭の源流」を尋ねがたい。

そらみつやまと

「そらみつ」という枕詞は、端から特異である。四音であり、五七調確立前の古形を留めているようだ。

虚見津　山跡乃國者　（万一）
虚見　倭乎置　（万二九）
虚見通　倭國者　（万八九四）

空見津　倭國　（万三二三六）
虚見都　山跡乃國　（万四二四五）
虚見都　山跡乃國波　（万四二六四）

と万葉集にある。ヤマトの表記が、「倭」もしくは「山跡」の二通りで、これも古形を保っている感がする。「あきつしまやまと」とも近いが、「そらみつやまと」の方が「倭の源流」を探るのに最適のようである。

なお、付言しておかなくてはならない。万葉集・記紀歌謡に見る限り、「倭」には「やまと」の訓しかない。平安時代の古今和歌集の真名序・仮名序の冒頭部も、「和歌」と「やまとうた」が対応する。本稿は、「倭」を「やまと」と訓む伝統に則りながら、敢えて「倭の源流」を探るものである。

「そらみつやまと」には、その語源を説明したかのような記事がある。『旧事本紀《くじ》』の天神本紀に残された天磐船の件《くだり》である。

饒速日尊《にぎはやひのみこと》、天神の御祖の詔を享け、天磐船《あまのいわふね》に乗りて、河内国の河上の哮峰に天降り坐し、即ち大倭国の鳥見の白庭山に遷り坐す。いはゆる天磐船に乗りて、大虚空《おほぞら》を翔行《かけめぐ》り、この郷《くに》を巡り睨《み》て、天降り坐す。いはゆる虚空《そら》見つ日本国《やまとのくに》といふは是か。

饒速日尊の天降り坐した所を、「虚空《そら》見つ日本国《やまとのくに》」と呼んだ事実が述べられていよう。ただ、語源と天降りした地については疑問が残る。また、「日本」の表記についても「しきしまのやまと」で述べたとおり新しい。しかし、万葉集の表記とは異なるが「そらみつやまとのくに」の音が一致する以上、「虚見つ倭（山跡）の国」の「源流」は「饒速日尊の天降り」すなわち「天神降臨」にあると言わざるを得ない。

右と同様の記事が、『旧事本紀』の天孫本紀にもある。記紀に名高い「天孫降臨」の天孫すなわち瓊瓊杵尊《ににぎのみこと》の本紀にあるのだ。天神饒速日尊（記では天火明命、紀では神代第九段一書第八に天照国照彦火明命）と天孫瓊瓊杵尊（記は迩迩藝命）は兄弟である。記紀には弟の天孫降臨のみが記されているが、饒速日尊を追究した結果、確かに「天神降臨」と呼ぶべき歴史事実があったようだ。その降臨地こそが「そらみつやまと」の「源流」に他ならない。

次に、天神降臨の歴史事実を述べる。

天神降臨＝そらみつ倭国の草創

中国の史書にはわが国の古代の王国が記録されている。その名を「倭国」と云う。

建武中元二年、倭奴国、奉賀朝貢す。使人自ら大夫を称す。倭国の南界を極むるや、光武賜ふに印綬を以ってす。(4)（後漢書倭伝）

紀元五十七年の記録である。このとき、後漢の光武帝から下賜された印綬こそが、福岡県志賀島から出土したとされる「漢委奴国王《かんのいぬこくおう》」の金印であることは間違いない。倭奴国と委奴国は表記の違いはあるが、同一の王国であり、また倭国でもある。後の『旧唐書』東夷伝にも、「倭国は古の倭奴国なり。」とあり、『漢書』地理志に「楽浪海中倭人有り、分かれて百余国を為す、歳時を以って来りて献見すと云ふ。」ともあるから、倭国は前漢代から始まったようである。したがって、金印の証明するもの、それは倭国が現在の福岡県に興ったという事実である。また、「倭」（後に和と書き換えられた）の訓が「やまと」であるかぎり、最も古い「やまとの国」も福岡県内に興ったことになる。

先に述べた「天神降臨」が歴史事実であることは、人類学の分野で検証されたと思

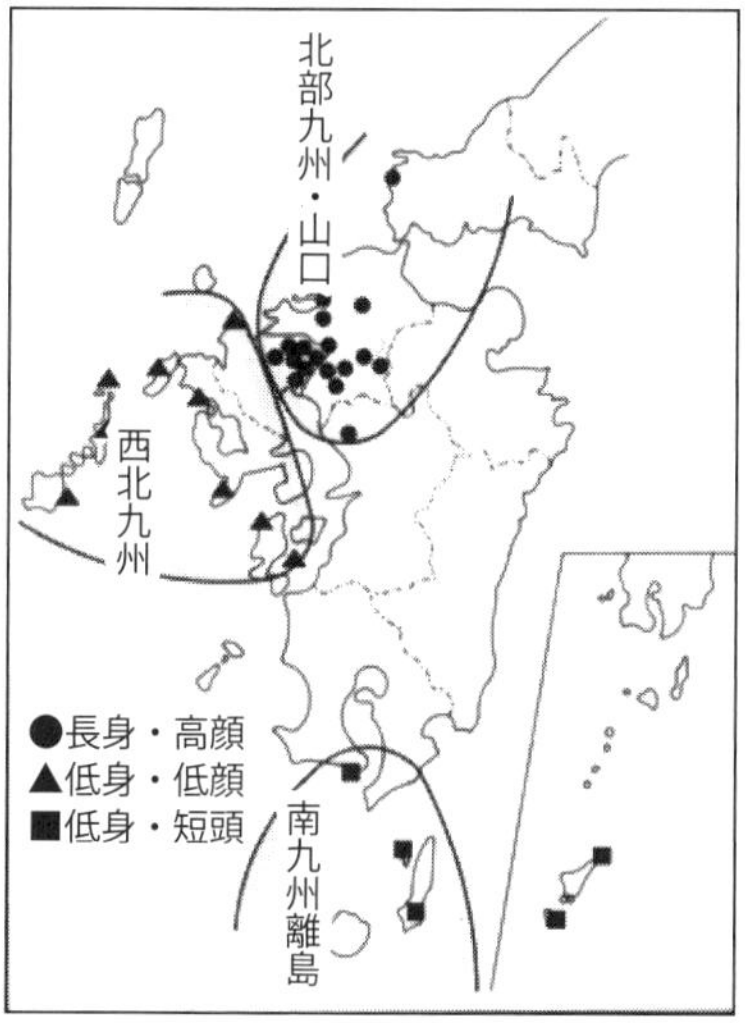

在来型・渡来型弥生人骨出土図

われる。前頁の図がそれを示す。これは、土井ヶ浜人類学ミュージアムの松下孝幸氏が、弥生時代の人骨を調査された結果を示す分布図である。身長と顔つきに顕著な違いがあるとのことである。福岡県を中心とする背の高い人骨が渡来型弥生人、長崎県を中心とする背の低い人骨が在来型弥生人となっている。つまり、渡来型弥生人の北からの侵入が歴史的事実であることを物語り、記紀にいう「天孫降臨」がそれに当たると考えざるを得ない。

次に、天孫降臨（天神降臨）はその名のごとく、「迩迩藝《ににぎ》の命《みこと》」一代の事業でなく、数代にわたる大事業であったことが挙げられる。各説話をまとめよう。

①「天照大御神《あまてらすおおみかみ》」のお言葉で、豊葦原水穂の国（豊国）は、我が御子「天《あま》の忍穂《おしほ》耳《みみ》の命」のお治めになる国と仰せられて、天降《あまくだ》しなさった。（記）

②水穂の国がひどくさわいでいると、忍穂耳の命がお還りになり、ちはやぶる荒ぶる国つ神どもを言趣《ことむ》けするため、葦原の中つ国（豊国）へ「天《あま》の菩比《ほひ》の神」が派遣される。が、大国主の神に媚びつきて三年経っても復奏しなかった。（記）

③そこで、天津国玉の神の子「天若日子《あまのわかひこ》」が派遣される。が、大国主の娘の下照姫《したてるひめ》を妻とし、またその国を得ようとして、八年経っても復奏しなかった。邪心を抱いたため、ついに天国からの還矢に中って絶命する。（記）

④次に派遣されたのが、「伊都《いつ》の尾羽張《おはばり》の神」の子「建御雷《たけみかづち》の男の神」である。やっと、葦

原の中つ国を平定した。国譲りである。（記）

⑤葦原の中つ国を平定したので、再び豊葦原の水穂の国に「天の忍穂耳の命」を天降しなさろうとする。（記）

天の忍穂耳の命は英彦山(5)（日子山）に降臨、「瓊瓊杵命」の建国の偉業に助力された。

（英彦山神宮由緒）

⑥次いで、天の忍穂耳の命の長男、「天照国照彦天火明櫛玉饒速日尊《あまてらすくにてらすひこあまのほあかりくしみたまにぎはやひのみこと》」が三十二将・天物部《あまのもののべ》等二十五部族を率いて豊葦原の水穂の国に降臨。（天神本紀）

垂仁天皇十六年（紀元前十四年）、天照大神こと饒速日尊が笠置山（四二五m）に降臨(6)。

（天照宮社記等）

次男、「迩迩藝の命」が（長男天の火明の命と別に）五伴の緒（五つの部族）を率い、筑紫《ちくし》の日《ひ》向之《むかの》高千《たかち》穂《ほ》之《の》久士布流多気《くしふるたけ》に降臨した。（記）

これらのまとめに見事に合致するのが、立岩式石包丁の流通を示した、下の図である。

次頁の図は、先の渡来型弥生人の人骨の分布図とも重なり、天孫降臨が歴史事実であることを裏付けるだけでなく、さらに具体的に、饒速日尊の笠置山降臨（天神降臨）の事実をも裏付けてくれそうだ。立岩遺跡についてこうある。

《福岡県の考古学の研究に大きな足跡を残した中山平次郎氏は、一九三四（昭和九）年「飯塚市立岩字焼ノ正の石庖丁製造所址」を書き、立岩丘陵での石包丁製作遺跡に注目した（四二年に森貞次郎氏が「焼ノ正」を「下方」に訂正。「下方」は「下ノ方遺跡」）。立岩の近くにある笠置山から輝緑凝灰岩がとれ、それが丈夫な石包丁を作るのに好適だった。弥生時代前期末から、立岩での石包丁製作がはじまり、中期前半になると遠賀川流域、また周防灘沿岸にまで流通していく。中期後半には、福岡、朝倉など北部九州の平野部へ、また筑後・佐賀平野から日田盆地（大分県）にまで製品が流通している。

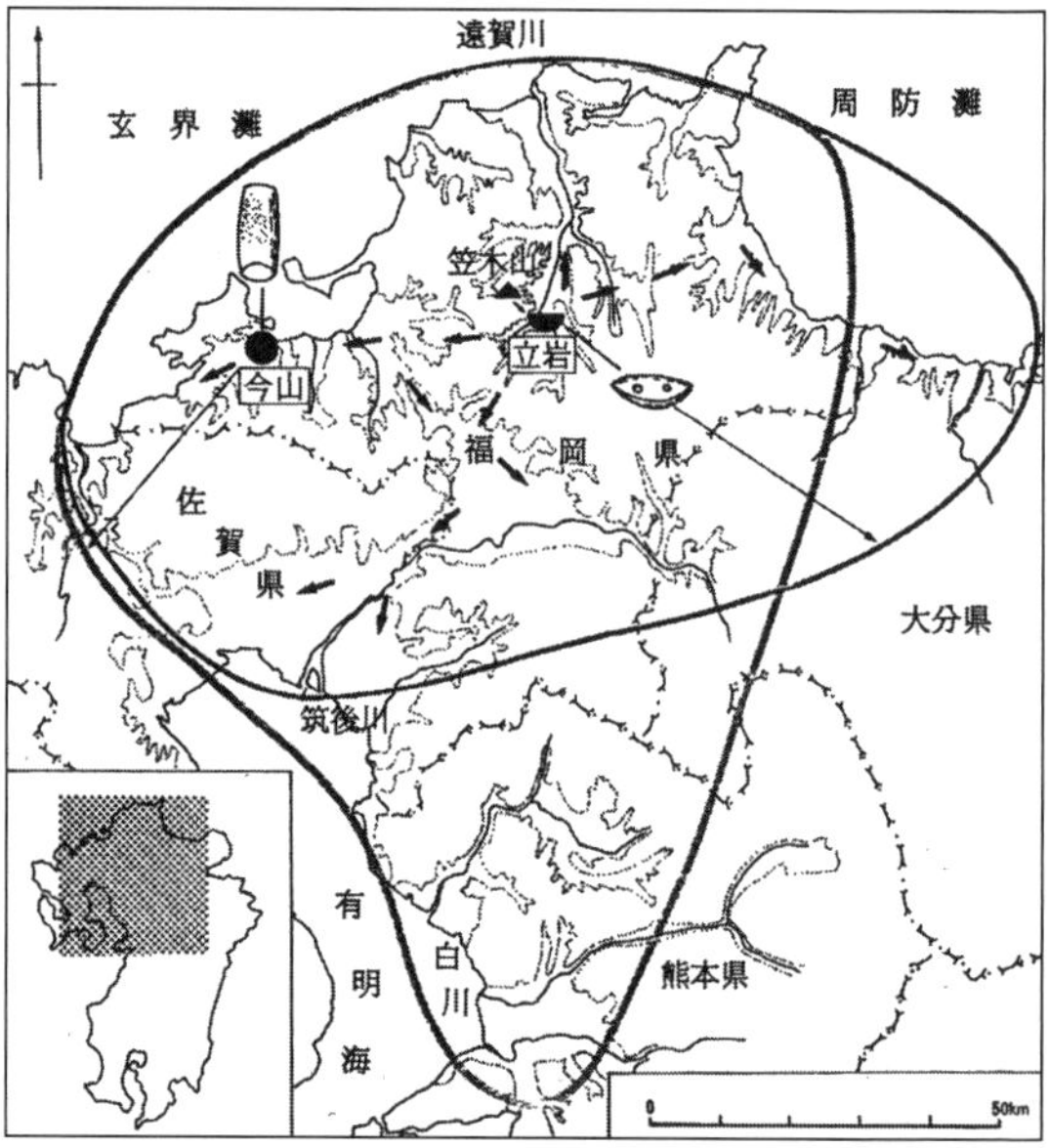

「発掘『倭人伝』」下條信行氏原図より

つまり立岩丘陵では、前期末から後期初頭までのおよそ三百年間、稲作作業に欠かせない穂摘み道具である石包丁の製作・流通を盛んに行い、そのことによって他に対する優位を

誇っていたにちがいない。立岩丘陵の盛衰を考えるとき、この石包丁は大きな意味をもっている[7]。》

傍線部は筆者が施したが、考古学の一報告と、筆者が文献と現地伝承から抽出した「天神降臨」の歴史事実とが、特に年代と場所とが見事に一致していると思われてならない。また、後半は、中国史書に云う「倭奴国」の盛衰をも言い当てている気がする。「天神降臨」＝「そらみつ倭国」の草創は歴史事実と見てよいだろう。最初の「倭（やまと）王朝」はここから始まった。

記紀に書かれた「迩迩藝の命（瓊瓊杵尊）」の天孫降臨も歴史事実だが、それは今山の石斧の地のことであり、饒速日尊ら本隊の別働隊として、板付水田や菜畑水田を侵略したものであろうと思われる。それに対して、饒速日尊の笠置山降臨（天神降臨）すなわち古遠賀湾岸制圧（遠賀川

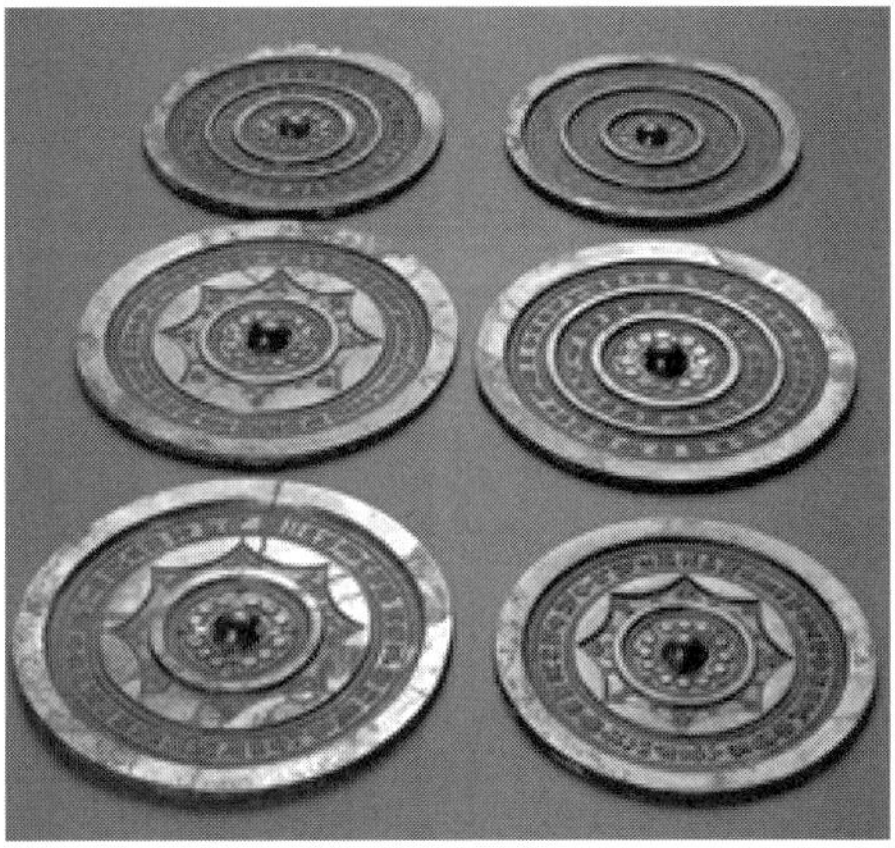

立岩遺跡から出土した前漢式鏡

28号甕棺出土の装身具の復元想像図（報告書から）

流域は弥生時代には樹枝状の深い入り江であった。天照宮が磯光に鎮座するのも偶然ではない。後述する）を天孫降臨の中心に据え直すと、日中の文献と、遠賀川流域の古伝承と、弥生人骨の分布と、立岩式石包丁に関する考古学の報告とのすべてが、重なり始めるのである。

天神降臨の地は、ほぼ笠置山でよかろう。古事記の「『此地は韓国に向ひ笠紗の御前にま来通りて、朝日の直刺す国、夕日の日照る国なり。かれ此地ぞいと吉き地』と詔りたまひて、底つ岩根に宮柱太しり、高天の原に氷椽しりてましましき」の記事が、実は、饒速日尊の笠置山頂での詔（傍線部は、天照国照の称号と呼応すると考えている）であるなら、ここが倭奴国発祥の宮であり、新・高天原なのである。そして、立岩式石包丁の流通に見られるように、豊（豊前・豊後）・筑（筑前・筑後）・火（肥前・肥後）と領土が拡がっていったのは、ごく当然のなりゆきと思われる。

筆者はここに、旧唐書にいう「古の倭奴国」、万葉集に詠う「そらみつ倭（やまと）」の源流を、笠置山とその周辺（福岡県鞍手郡を中心とする遠賀川流域、いわゆる筑豊地方）に比定する[8]。

「そらみつ」の語源

そらみつ倭が饒速日尊の降臨地であることを、日本書紀も記している。

三十有一年の夏四月の乙酉の朔に、皇輿巡幸す。因りて腋上の嗛間丘《ほほまのをか》に登りて、国の状を廻らし望みて曰く、「妍《あな》にや、国を獲つること。内木綿の真迮《まさ》き国と雖も、猶《なほ》し蜻蛉《あきづ》の臀《と》呫《なめ》の如きかな。」と。是に由りて、始めて秋津洲の号有り。昔、伊奘諾尊、此の国を目《なづ》けて曰く、「日本《やまと》は浦安の国、細戈の千足る国、磯輪上の秀真《ほつま》国《くに》。」と。復た大己《おほな》貴《むち》大神、目けて曰く、「玉牆《たまがき》の内つ国。」と。饒速日命、天磐船に乗りて、太虚《おほぞら》を翔行《かけめぐ》り、この郷《くに》を睨《み》て降《あまくだ》るに及至《いた》りて、故、因りて目けて曰く、「虚空《そら》見つ日本国《やまとのくに》」と。

（神武天皇三十一年四月）

筆者は、すでに「倭国易姓革命論」(9)を提示しているが、神武紀には「天神降臨前後の倭国の詳細な国号の変遷」が記録されている。

秀真国…伊奘諾尊が名づけた。浦安の国は風浪の少ない古遠賀湾を想起させ、細戈の千足る国は筑紫戈の出土状況と一致する。秀真国は後に倭建命が詠んだ「倭は　国の秀真《まほろば》…」歌の概念と繋がる。（『秀真伝』との関係は今は言及できない。）

玉牆の内つ国…大己貴大神が名づけた。倭建命の右の歌の続き「たたなづく　青垣　山隠れる　倭しうるはし」（畳み重なったようにくっついて、国の周囲をめぐっている青々とした垣のような山の内に籠っている倭は美しい）の表現によく合っている。同じく、古遠賀湾岸の国を想起させる。

虚見つ倭国…葦原の中つ国（出雲王朝か、実は豊国にあったらしい）を倒し、玉牆の内つ国に天神降臨して倭奴国を創始した饒速日命が名づけた。これが日中の文献に見られる倭（やまと）の源流である。立岩式石包丁の流通図に重なる国であろう。

秋津島倭国…神武天皇が名づけた。後述するが、神武の東征の結果、大倭豊秋津島または豊秋津島倭国、万葉集に詠まれた「あきつしまやまと」と呼称が変化した。このヤマトは今山石斧の流通図に見られるように、「そらみつやまと」より拡大した版図のほうに合致するのではないかと思われる。神武東征の発進地を糸島とする説（古田武彦）とも一致する。

それでは、倭の源流を形容する「そらみつ」とは一体どういう意味なのか。

実は、万葉集二九番「近江の荒れたる都を過ぐる時、柿本朝臣人麿の作る歌」に重大な鍵がある。先に、同歌の「虚見　倭乎置」を挙げてあるが、これは或云の割注にある表記であり、本文は「天尓満　倭乎置而」と表記してある。

通例、「天（そら）にみつ　大和を置きて」と書き下される。原表記をそのまま用いるなら「天に満つ　倭を置きて」となる。「そらにみつ」の五音の枕詞はここ一箇所だけであり、「そらみつ」の四音に直せば「『天満《そらみつ》』倭《やまと》」というこれも唯一の表記である。これは周知の「天満宮」に共通する。祭神も周知の「天神」である。祭神とされる菅原道真公は平安時代に合祀されたのだから、天満宮の本来の祭神＝天神は天神本紀の「饒速日尊」を指すと考えてよい。

先にやや詳しく述べた天神降臨記事を凝視すると、そこには、天の忍穂耳の命から始まり、天《あま》の菩比《ほひ》の神、天津国玉の神、天若日子と続き、最後に、天照国照彦天火明櫛玉饒速日尊《あまてらすくにてらすひこあまのほあかりくしみたまにぎはやひのみこと》が三十二将・天物部《あまのもののべ》等二十五部族を率いて豊葦原の水穂の国に降臨したのであった。「天―」という名の神々が数多連続している。

天物部等二十五部族については、『白鳥伝説』によっても次の各地に住まいして、その遺称地が幾つかある。前半にそれを記し、後半に筆者が現地で拾った例を挙げる。

二田物部（筑前／鞍手郡・二田郷）、馬見物部（筑前／嘉穂郡・馬見郷）、嶋戸物部（筑前／遠賀郡・島門）、赤間物部（筑前／宗像郡・赤間）、筑紫聞《きく》物部（豊前／企救《きく》郡）、筑紫贄《にえ》田物部（筑前／鞍手郡・新分《にぎた》郷）。

十市物部（鞍手郡若宮町・都地）、芹田物部（鞍手郡若宮町・芹田）、弦田物部（鞍手郡宮田町・鶴田）、狭竹《さたけ》物部（鞍手郡小竹《こたけ》町）。

これら天の物部一族の居住地を一本に繋ぐ線が存在する。古遠賀湾の海岸線である。

次頁の図は、「古遠賀湾の縄文時代と弥生時代の海岸線」を示したものである[10]。山崎光夫は昭和三十八年にボーリング調査に基いてこの図の原図を描いた[11]。当時は『白鳥伝説』も出版されていなかったし、『旧事本紀』も偽書扱いされていた頃である。したがって、それらと全く関係なく純粋に地質学から作られた図が見事に天神降臨説話と一致するのである。天神降臨は、ここでも歴史事実であることが知られる。

天の物部一族は古遠賀湾沿岸と内海の島々に住んだ。古遠賀湾は、山崎光夫の図のさらに奥、現在の遠賀川・西川・彦山川・犬鳴川などの上流まで樹枝状に海が入っていたようだ。饒速日尊は、犬鳴川上流（当時は入り江）にある笠置山上に宮を建てた。これらの様子が中国側に的

確かつ簡潔に記されている。

魏略に云ふ、倭は帯方東南の大海の中に在り、**山島**に依りて国を為す。

（漢書地理志・顔師古注）

「天満倭」が「山島に依りて国を為す」様は、山崎光夫の描いた古遠賀湾図とぴたりと重なる。魏志倭人伝もほぼ同文だから、三世紀卑弥呼の時代の倭すなわち邪馬台《やまと》国も古遠賀湾沿岸の国となる。「そらみつやまと」は倭奴国の和名、「あきつしまやまと」は神武から卑弥呼にかけての倭国の和名ということが判明したようだ。「倭」には「やまと」の訓しかないのである。

もはや、断言できる。「そらみつやまと（のくに）」は元来、天神饒速日尊が「あまみつやまと（のくに）」と号し、「天満倭（国）」と表記されていたのだ。そして、「天満倭（国）」とは「天族の満ち満ちる倭（の国）」の意に他ならない。天が海人を意味することは古くから知られている。七世紀の大海人皇子（後の天武天皇）の例が著名である。海洋民の意だ。

「やまと」の語源については今回、軽く触れさせていただく。広辞苑などにもあるように、「山処」説が最有力である。出典は古事記。大国主神が、出雲より倭国の胸形（宗像）の奥津宮に坐す神、多紀理毘売に求婚しに上るときの歌の中に、「山処《やまと》の　一本薄《ひともとすすき》」とある。「倭国の多紀理毘売」を指していることが明らかだ。この時、大国主神の嫡后須勢理毘売命の詠んだ歌にも、「豊御酒　奉らせ」とあり、多紀理毘売の地には「豊」の御酒があるのである。

また、筆者は「東鯷国《とうていこく》」の「鯷」字を追究し、「鮭」であることを明らかにした。[12] その鮭を追究したところ、次のような副産物とも言うべき見解に至った。

《サケと推測される「年魚」を風土記や風土記逸文から抜いた結果、次が再確認された。

豊前の国の風土記に曰はく、田河の郡。香春の郷。此の郷の中に河あり。年魚あり。（略）

（宇佐宮御託宣集）

右の河は、彦山川の支流、清瀬川（金辺《きべ》川とも）とあり、遠賀川の支流でもある。

「アイヌにとって川は鮭がのぼってくる道であり、また野獣を山の方へ追うときの道にほかならなかった。川は海洋から山を目指すというのがアイヌの心の中にある川の観念であるという。」

（更科源蔵『アイヌの神話』）

天孫降臨（実質は天神降臨）の中心地は遠賀川流域（縄文遠賀湾～弥生遠賀潟）の地であり、そここそが「天満倭《あまみつやまと》」の地であり、ヤマト（山門）と呼ばれた地である。アイヌの観念がもし反映されているなら、この地こそ確かに「海洋から英彦山を目指す」山門の地に当たる。

女王国もまた倭国《やまと》であった。[13]》

ここで筆者は、「山門」説を提唱している訳だが、肝心なのは「英彦山」の指摘である。本稿の天神降臨説話のまとめの⑤にあるとおり、倭国にとって、「日子山」は「聖なる御山」なのである。したがって、「山処」説においても「日子山のある処の国」の意味であることが分かる。(14)

天満倭の変遷

天満倭国が確認されると、直ちに解明される万葉歌がある。

大王《おほきみ》の　遠《とほ》の朝庭《みかど》と　蟻通《ありがよ》ふ　嶋門を見れば　神代《かみよ》し念《おも》ほゆ　（万三〇四）

柿本朝臣人麿、筑紫国に下りし時、海路にて作る歌二首、の一である。

通説（日本古典文学大系）は、「都から遠く離れた朝廷であるとして、人々が常に往来する瀬戸内海の島門を見ると、この島々の生み出された神代の国土創成の頃のことが思われることである。」と解する。ただし、「遠の朝廷」は「九州の役所」と解説されている。九州王朝論側は、「遠の朝廷」をそのまま「太宰府にあった古の朝廷」とし、「島門」を「志賀島と能古島との間」と解した。

両者の解釈は一知半解の域を出ていない。これまで述べてきた「天満倭国」の追究の結果から言えば、「遠の朝廷」は明らかに「天神饒速日尊」の創始した「天満倭国」を指していよう。そうであれば、人麻呂の認識では、「私のお仕えする大王にとって遠い時代の遠賀の朝廷」となるのではないか。一種の掛詞と思われる。

遠い時代の「遠賀の朝廷」と蟻通ふ歴史事実は、歌中の「嶋門」がそれを裏付けよう。「**嶋戸**物部（筑前／**遠賀**郡・**島門**）」の島門である。島門は、平安・鎌倉の記録にも「島門駅」とあり、現在の遠賀町島津に比定されている。人麻呂の時代に交通の要衝として人々の往来があったことは確かだろう。人麻呂は島門を実際に見ながら、天神降臨の神代を思ったのである。(15)「遠賀の朝廷」すなわち「をかのみかど」を考えたら、次の歌の五句の部分が明らかになった。

ちはやぶる　金の三埼を　過ぎぬとも　吾は忘れじ　牡鹿の皇神　（万一二三〇）

吉田東伍の『大日本地名辞書』の「崗水門（ヲカノミナト）」の項の末尾に、次のような行文がある。

《按にこの歌の牡鹿（ヲカ）は諸家シカと訓みて、志賀海神に引きあてたり、然れとも牡鹿の牡の字の添へてあるからには、ヲカと訓むべきにあらずや、即此岡の湊の神を祈る心なるべし》

この「ヲカ（遠賀、崗）の皇神」もあるいは饒速日尊を指すかも知れない、と前に記したが、今回は断定に至った。その途端に、前の歌の「蟻通ふ嶋門」と「崗水門」がほぼ同一の場所だということが判明した。響灘から天満倭（古遠賀湾）に入る場所は、天然の「細長い水門」なのである。ここを多数の大型船が通過する時は、「蟻の行列」のように繋がって航行するしかない。だから、「蟻（の行列）のように船が往来する島門＝遠賀の水門」と詠われたことは疑いようがない。古歌は歴史事実を的確に詠っている。(16)

源流の「天満倭国」が「虚見倭国」に替えられた。改名者は誰か。神武か神功のどちらかであろう。先に見たように、王朝交替の際に国名・地名が変わる。全世界の歴史に共通することだ。わが国の古代においても、記紀・風土記にその例を見出すことは容易である。例えば、神功皇后紀に、羽白熊鷲の拠った地を「層増岐野《そそきの》」と呼んだが、熊鷲を滅ぼし、神功が「我が心即ち安し」と言ったから「安（野）」と曰ったとある。肥前国風土記では主に景行天皇が荒神を征伐しながら地名を付けてゆくし、常陸国風土記では倭武天皇が東夷を巡守するなかで地名をつけてゆく。記紀も例外ではない。

「天満倭」が「虚見倭」に替えられた背景を有する例が記紀に残されている。実は、大倭豊秋津島が生まれたときに、すでに「亦の名は天御《あまつ》虚空《みそら》豊秋津根別と謂ふ」と記されている。これは倭（やまと）に掛かる枕詞の変遷を一つにまとめたものと解される。天満・虚空見・豊秋津洲の集合体である。山幸彦説話では、「亦の名は天津《あまつ》日高《ひこ》日子穂穂手見命」と云いながら、兄海幸彦に本の鉤を返せと言われ海辺に居たとき、塩椎《しおつち》神が「何ぞ虚空津日高《そらつひこ》の泣き患ひたまふ所由は」と問い掛けている。岩波文庫（倉野憲司校注）では虚空津日高にわざわざ「皇太子に相当する日の御子の尊称」とまで注している。日本書紀では神功皇后紀の冒頭部、斎宮で、ある神が自らを「天《あめに》事代虚《そらに》事代玉籤入彦厳之《たまくしいりびこいつの》事代神有り」と答えている。これは事代主の形容の変遷と見るべきだろう。ここでも天が虚に替えられていると考えられる。王朝交替によって国名・地名も替えられる。地名の移動と併せて、上代文学と古代史を探求する上で欠かせない重要なテーマであろう。

倭の源流の追究は、筆者の倭国易姓革命論を補強することになってきた。また同時に、大芝英雄の「古事記は豊前王朝史」説、室伏志畔等の「神武は筑豊を東征した」とする説、昭和九年発行の『鞍手郡誌』が収める現地の詳細な「神武東征伝承」、平松幸一の見出した『神代帝都考』等の全てが、「天満倭」に帰一し始めたと思われる。

「そらみつ」の語義

「そらみつ」の原表記は「天満」であることが分かったが、それでは、「そらみつ」の言い換えが何を意味し、「虚」「虚空」の表記が何を意味するのか。少しだけ観ておきたい。

おおかたの国語辞典や古語辞典、記紀の解説書は当てに出来ない。先の岩波文庫の「虚空津日高」の注を見ても分かるとおりだ。はたして、本当に「虚空」は尊称なのであろうか。数々の辞書を当たった中では、白川静の「字訓」の解説が最も示唆に富んでいるようだ。

《空《くう》は工《こう》声。工は左右にわたってゆるく彎曲するものをいう。たとえば虹のような形のものである。〔説文〕七下に「窾《あな》なり」、また前条の窾字条に「空なり」と互訓し、空窾の意とする。〔詩、小雅、白駒〕「彼の空谷に在り」、〔荀子、解蔽〕「空石の中に人あり」など、穴の深いものをいう字であるが、その義を拡大して、天地の間をドームの形とみて天空という。「そら」が「反《そ》り」を意味するように、空もまた工のような反りのある空間をいう。蒼空をまた蒼穹《そうきゅう》といい、弓《きゅう》もまたそりのあるものの形である。

虚《きょ》は虍《こ》声。下部は丘の古い形で墳丘。〔説文〕八上に「大丘なり」とし、「崑崙丘、これを崑崙の虚といふ」と〔山海経〕の崑崙虚の説を引く。崑崙の遺構と伝えるものによって考えると、それはジグラット形式の神殿であったらしく、地の西極にあって魂の赴くところとされた。のちそのような聖所のあとを虚・墟という。虚址の意よりして現実に存しないもの、虚偽・虚構の意となり、空虚・虚無の意となる。国語の「そら」が「そらごと」となるのと同じ過程である。枕詞に用いる「そらみつ」「そらにみつ」は「虚見津大和」〔万一〕、「虚空見つ日本の國」〔神武紀三十一年〕、「天尓満倭」〔万二九〕のように、「見つ」「満つ」といずれも甲類音を用い、大和・山につづくが、その語義はなお明らかでない。》

右を参考にすると、「そらみつ」に尊称が残されているなら、「天神の聖所のあとを見る」の意であろうし、もしも蔑称であるなら、「現実に存在しない虚址を見る」の意に取れよう。両者とも、万葉集に見られる「山跡」の表記が緊密に繋がる。「虚空見つ」は、毀誉褒貶の半ばする微妙な枕詞である。

沢史生は『鬼の日本史』で、広島方言の「そらみつ」が「何もない」という意だと紹介している。(17) 筆者の故郷でもある筑豊地方には、人の失敗を嘲るのに「そら見ろ」の慣用句があり、「そら」が「それは」に置き換わらない表現が残されている。毀誉褒貶のいずれにしろ、「天満」が「虚空見」に替えられた事実だけが残されているとしか、今は言い様がない。

ただし、一つだけ述べておきたい推理がある。それは、「(彎曲せる)遠賀湾の見える倭」の意である。『鞍手郡誌』の「神武東征伝承」の中に、「日子山は天神天忍穂耳尊のお降りになった国見山であり、神武天皇も先ずこの山頂に於いて『国覓《くにまぎ》』を遊ばした。同山の水精石の由来にも神武五年七月云々の文字がある。」という記述が見られる。英彦山頂上からは遠賀川流域が一望でき、神武の時代に古遠賀湾が一望できたことは想像に難くない。「古遠賀湾の見える倭国」の意であるなら、神武東征の歴史も事実であるし、神武が「天満倭」を「虚空見倭」に改名した可能性も高い。『字訓』の解説は実に含蓄に富む。

あふみの荒れたる都

倭の源流を探求するのに、貴重この上ない「天満倭」の表記を残していた万葉集二九番歌は、歌自体が王朝交替の悲劇を詠った叙事詩である。この歌の新解釈を試みたい。それはそのまま倭国史の事実を抽出することになるからである。

　近江の荒れたる都を過ぐる時、柿本朝臣人麿の作る歌
玉手次《たまた》畝火《すき》の山の　橿原の日知の宮ゆ　阿礼座《あれま》しし神の尽《ことごと》　樛《つが》の木の弥《いや》継ぎ嗣ぎに
天の下知らしめしける　虚見つ倭を置き　青丹よし平山越えて　何方《いづかた》を思ほしけめか
天離る夷には有れど　石走る淡海の国の　楽浪の大津の宮に　天の下知らしめしけむ
天皇《すめろぎ》の神の御言の　大宮は此処《ここ》と聞けども　大殿は此処と言へども
霞立ち春日か霧れる　夏草か繁くなりぬる　百磯城《ももしき》の大宮処見れば淋しも　（万二九）
　反　歌
楽浪の　思賀の辛碕　幸《さき》くあれど　大宮人の　船待ちかねつ　（万三〇）
ささなみの　比良の大わだ　よどむとも　昔の人に　会はむと思へや　（万三一）

右の訓読は、「或は云ふ」の割注を採用し、なるべく原表記の漢字を活かしたものである。まず、全体の解釈を示し、その後、語句解説をしながら詳細を検証する。

【解釈】

玉手次畝火の山の橿原の日知（神武天皇）の宮以来、出現された皇神の尽《ことごと》くが、（樛《つが》の木の）いよいよ（日知の位を）継ぎ嗣ぎして、天の下をお治めになったところの、虚見つ倭（天満つ倭、古遠賀湾沿岸）をさしおき、青丹よし平山を越えて、何方をお思いになったのだろうか、天離る東方ではあるけれど、石走る淡海の国の、楽浪《ささなみ》の大津の宮に、天の下をお治めになったという、天皇（景行天皇）の皇神のお言葉の、大宮は此処と聞くけれども、大殿は此処と言うけれども、霞立ち春日がかすんでいるからか、夏草が繁くなっているからか、（実は涙でぼんやりとかすむ）百礒城の大宮処を見ると荒廃していることだ。

反　歌（をさめ歌）

楽浪の思賀の辛碕は、昔に変らずにあるけれど、ここを出たままの大宮人の船を再びここに待ちうけることはできない。

ささなみの比良の大わだは水が淀んで（大宮人を待って）いても、昔の人に会おうと思うことであろうか。いやそんなことはない。

【新考】

日本書紀の神功皇后摂政元年二月三月の記事、神功皇后軍が忍熊王《おしくまのみこ》を滅ぼし入水自殺に追い込んだ戦記を念頭に置き、忍熊王の拠った百磯城の大宮処の跡を実際に訪れ、その荒廃を嘆き、併せて忍熊王の悲劇的な最期を傷んだ。そこは虚見つ倭の東方、豊国の淡海に展開された事変であった。武力革命による王朝交替のもたらす悲劇を詠んだ、優れた叙事詩である。

【訓釈】

玉手次―玉たすきと訓む。「畝火」の「うね」を導き出す枕詞。語義未詳。

畝火の山―本稿の「天満つ倭」の源流論から云えば、この山も古遠賀湾の周囲にある。記紀に明らかなように、天孫瓊瓊杵命の子孫の神武（博多湾岸の分王家）は、天神饒速日尊の子孫の治める「天満つ倭」（古遠賀湾沿岸の本王家）を簒奪し、本王家を追い出した。記紀の神武東征記事は、「神武の天満倭侵略譚」とそれに起因する「天満倭本王家の瀬戸内東遷及び近畿侵略譚」との合成であろう。近畿に「東の天満倭」が成立、地名の移動が起きたと考えられる。

神武は、本家を追い出した天満倭のあとに都して国号を「秋津洲倭」と改名した。都は「畝火の白檮原《かしはら》宮」（記）である。この直後に皇后選定の記事があり、宮がどこにあったかが暗示されている。后に選ばれたのは、伊須気余理比売《いすけよりひめ》。「倭の狭井《さゐ》川の上《ほとり》に住む美和の大物主神の御子」である。この美和（三輪）の神は、大国主神の共同統治者として出現している。「『吾をば倭の青垣の東の山の上に斎《いつ》き奉れ』と答へ言りたまひき。こは御諸《みは》山の上に坐す神なり。」とある。本稿が明らかにした「倭の源流」からすると、美和（三輪・御諸）山は、田川郡香春町の香春岳三山を指す（御諸の諸には「は」の訓があり、すべて本来は「ミハ」である。ミモロは後代の新訓である）。その近くには犀川（現在の今川）も流れている。神武の宮は、倭の三輪山すなわち香春岳の直近にある。

先に、**王朝交替によって国名・地名も替えられる**とのテーゼを打ち出した。神武の東征は、同族であっても武力革命だから、やはり地名の多くが替えられた可能性がある。すると、三輪山（三山）の名が、雲根火・耳梨・高山《かぐやま》に替えられた可能性がないか。万葉集一三番、中大兄三山歌を大和三山歌と疑わないが、これは（天満）倭三山歌の記憶があるからこそではないのか。香春一ノ岳が畝火山、二ノ岳が耳成山、三ノ岳が高山に当たるようだ。三輪山が倭三山の名に替えられた。

神武記の皇后選定記事の後、神武が崩御し、庶兄當藝志美美命《たぎしみみ》が三人の弟（伊須気余理比売の御子）を殺そうとする。その危機を知らせる歌が残されている。

狭井河よ　雲立ちわたり　畝火山　木の葉騒ぎぬ　風吹かむとす

昭和十年の香春岳

狭井河と畝火山が近い。狭井川と美和（山）も近い。それに先のすべての新知見を加えると、畝火山は三輪山（今日の香春岳一ノ岳）であると比定せざるを得ない。

なお、付言するなら、天満倭本王家が近畿の大和に侵入した時、そこの三山に最初は三輪山の名を付けたと思われる。後に、神武系の一族が再び大和に侵入して、畝傍・耳成・香山に替えられ、三輪山はその東の一山に追われたと考えられる。また、高山から香山への表記の変更は、天乃香（具）山の表記への拡大、あるいは甘木の香山や豊国の天乃香具山へと山名が移動した跡を見ることができる。このように、地名の改変と移動には、必ず歴史的背景があり、それらを追究しないと記紀も万葉集も読み誤ったままとなろう。すべての再検証が必要である。

下図は、「三つ鱗」紋である。豊後国発祥の三輪氏族の尾形氏、その三つ鱗にまつわる伝承も豊国の三輪山に淵源のあることが知れた。

源平合戦に活躍した尾形三郎惟義の腋の下に三枚の鱗形のあざがあった。「蛇の子の末を継ぐべき験《しるし》にやありけん。後に身に蛇の尾の形と鱗とのありければ、尾形の三郎という」と『源平盛衰記』にある。

古事記の崇神天皇記にある三輪山伝説は「蛇婿入」説話でもある。このことと、尾形や緒方の姓は、深く三輪山伝承と関わっていた。ヲガタ（緒方・緒形・尾形・尾方）という姓は、万葉集一九の「綜麻形（へ

北条鱗

そがた)」の謂いなのである。「綜麻」は績みヲ(麻・緒・苧)であるから、最も短く言えばヲ(撚糸)である。つまり、「綜麻形」と「緒形」とは同義・同語源である。ヲガタ氏は「三角形の三輪山」より出た三輪一族の綜麻形氏であったのだ。したがって、豊後のヲガタ氏の三つ鱗の紋は、もともと「豊国の綜麻形の三輪山」を図案化したものであったと考えられる。ここにも「豊国の三輪山」が証明されていたのである。(18)

橿原の日知の宮ゆ――神武の宮。歌では初代とされている。神武紀によれば「畝傍山東南橿原地」とあるから、現在の香春町高野のあたりか。

阿礼座しし神の尽――通説は、「生れましし」と訓じる。神武の次は早くも兄弟が殺しあっている。そこで語弊を避けて、出現したと解釈する。

樛の木の弥継ぎ嗣ぎに――「樛の木の」は「つぎつぎ」にかかる枕詞。「継ぎ嗣ぎに」は表記に注意すると、神武朝が不安定な王権であることが分かる。崇神天皇記や垂仁天皇記も反逆の記事に埋まる。崇神天皇記には大物主大神を祭って疫病を鎮めた説話があり、三輪山伝説までが語られている。また、魏志倭人伝の「其の国、本亦男子を以って王と為し、住《とど》まること七八十年。倭国乱れ、相攻伐すること歴年、乃ち一女子を立てて王と為す。」の記事とあわせても、これらは、この歌の中に含まれる。神武や卑弥呼の即位は「継」に当たり、女王の都も「倭」にあった。

虚見つ倭を置き――「そらみつやまと」は既出。天神降臨以来、歴代の帝都のあった天満倭

（古遠賀湾）をさしおいて、の意。三輪山の近辺（秋津洲倭国）から遷都をすることになったが、神武以前の旧都に戻ろうとしなかったようである。歌の前半で、天満倭国内の遷宮、神武の遷都、秋津洲倭国内の遷宮が詠われ、次の遷都の候補地を考えていることを指すのではなかろうか。「おく」は「後に残しおく」、「捨ておく」、「除いて」という意味にも用いられるようになった。

青丹よし平山越えて―「青丹よし」は「なら」の枕詞。「平山」も「ならやま」と訓じる。天満倭から香春に遷都したと仮定すると、当時の通過点に該当するところに、室伏志畔が田川市の「奈良」を見出し、平らな低い丘陵のあることを挙げている。

何方を思ほしけめか―通説は「いかさまに」と訓じるが、「いづかたを」と訓じた。秋津洲倭国からの遷都の方角を思ったのではなかろうか。

天離る夷には有れど―「天離る」は「ひな」の枕詞。東夷の「夷」が用いられているので、「東方の鄙」を指すと考えられる。前の句「何方」と呼応する。

石走る淡海の国の―「石走る」は「あふみ」「垂水」「たき」にかかる枕詞。「あふみ」の場合は、石の上を溢れて走る溢水（あふみ）の意とする説がある。「淡海の国」については、一五三番歌に「鯨魚《いさな》取り淡海の海を」の例があり、他の「いさなとり（鯨取り）」はすべて「海」にかかる枕詞であるから、三輪山より東の河川水の流れ込む海の国を想定するのが自然である。ここは、豊前の海を指す。ただし、古遠賀湾も自然環境から言えば、淡海である。このことが反歌に関係する。いずれにしろ、題詞の「近江」は万葉集編者の間違いか偽作である。この歌の淡海は、近畿の淡水の琵琶湖を指さない。したがって、この段階で柿本人麻呂が、壬申の乱の悲劇を詠っていないことが分かる。

楽浪の大津の宮に―仲哀記や神功紀に、忍熊王を滅ぼした後に「酒楽《さかくら》の歌」が詠われている。「…少名御神の…豊寿き　寿き廻はし　奉り来し御酒ぞ　あさず飲せ　ささ」とある。「神楽声」をササと訓じ、それを略して「神楽浪」と書き、さらに略して「楽浪」と書いた（澤潟久孝）。恐ろしい因縁の表記である。

楽浪の大津の宮は現在の豊津町のあたりが所在地と推定される。この宮は、次項と併せて考えると、景行紀十二年九月条の次の宮でもあるようだ。「豊前国の長峡《ながを》県に到りて、行宮を興てて居します。故、其の処を号けて京《みやこ》と曰ふ」。現在の京都郡である。長峡川もあり、その河口がもっと内陸部に入ったあたりである。行宮を京とは呼ばない。先の「淡海」（大芝英雄の云う豊前の難波）の条件にも当てはまる。筆者はここを豊前の平城京と考えている。

天の下知らしめしけむ　天皇の神の御言の―この天皇は神武から数えて十二代の景行天皇と考えられる。秋津洲倭からさらに東に遷都した天皇であるようだ。人麻呂が詠った時点では神である。景行・成務・仲哀と続き、忍熊王の時、神功軍に滅ぼされた。「御言」は通例「命」と書き換える。原表記を重視して、「御言」のまま考えると、例えば、旧事本紀の「皇孫本紀にある」の意と解することができるのではないか。前項と緊密に繋がっていよう。

大宮は此処と聞けども　大殿は此処と言へども―互文法と呼ばれる表現を用いた対句である。大宮殿はここと言い聞くけれども。

霞立ち春日か霧れる　夏草か繁くなりぬる―原表現とすれば、唐詩にも見られる「景を詠うに全力を尽くし、情を言外に漂わせる手法」（松浦友久『唐詩』教養文庫）に通じるものを感じ取る。実は、哀しみの涙にかすむのを言う。「国破れて山河在り　城春にして草木深し」（杜甫）より早い時代の、深い哀情を湛えた、優れた表現の叙景歌であろう。

百磯城の大宮処見れば淋しも―大津の宮を平城京とした時、その山城京として御所ヶ谷神籠石（旧京都郡、現行橋市）が挙げられる。周囲三キロメートルに及ぶ列石の城壁は吉備の鬼ノ城と双璧を為し、筆者の主張する「山城宮」にふさわしい。文字通り、百磯城そのものである。山頂には建物の礎石跡もある。御所ヶ谷の礎石跡には「景行社」が鎮座する。現地伝承の正し

御所ヶ谷神籠石

さを思わせるに十分だ。「見れば」は、学校文法に云う「(已然形につく)順接の確定条件を示す」用法である。人麻呂は実際に大宮処を見て詠んでいるのだ。「淋しも」は前の句の流れから、あくまで叙景歌としての解釈を一貫させて口訳した。長歌は、徹底して豊前淡海の国都の荒廃を嘆いた。

この長歌の新解釈を通して、筆者は、「磯城洲の倭」=「しきしまのやまと」の成立をこの廃墟に見ている。倭国(現在の福岡県・佐賀県)には、御所ヶ谷・鹿毛馬・高良大社・女山・おつぼ山等、神籠石の遺跡が集中する。それらが磯城であるなら、最大級の御所ヶ谷神籠石こそ「百磯城の大宮処」と言えよう。これらは、四世紀後半ことごとく神功皇后に滅ぼされたのである。人麻呂の長歌には、天満倭・秋津洲倭・磯城洲倭の三朝の衰退もしくは滅亡が詠み込まれていたのである。

反歌二首—人麻呂は反歌で、一転して、忍熊王の入水自殺を悼む。思賀の辛碕と比良とは現在不明。豊津の海側に下りたか。神功紀にはこの事件が詳細に記されている。次は、その一節である。

是に、其の屍を探れども得ず。然して後に、日数て菟道《うぢ》河に出づ。武内宿禰、亦歌ひて曰く、淡海の海　齋多の濟《わたり》に　潜く鳥　田上過ぎて　菟道に捕へつ忍熊王は「淡海の海の齋多《せた》の濟」で入水自殺を遂げた。そこは海である。王の死を確認するため武内宿禰は屍を探索する。その屍は菟道河に上がった。菟道河はやはり人麻呂の歌から分かる。

物乃部《もののふ》の　八十《やそ》氏河《うぢがは》の　網代木《あじろぎ》に　いさよふ浪の　去辺《ゆくへ》知らずも　（万二六四）

天の物部二十五部の居住したところの八十氏河と言えば、古遠賀湾に注ぐ、現代の相当上流に当たる遠賀川の各支流を指すようだ。例えば今日の飯塚市近辺が河口になるあたりか。そこは古代田河道、すなわち菟狭（宇佐）に至る古道の近くでもある。菟道河の表記に合う。齋多の濟が頴田《かいた》町勢田（鹿毛馬神籠石の近く）と仮定すると、この淡海に沈んでも満潮時には逆流して氏河（彦山川か）に押し戻されることも起こりうる。人麻呂はさらに次の歌も詠んでいる。

淡海の海　夕浪千鳥　汝が鳴けば　情《こころ》もしのに　古《いにしへ》念《おも》ほゆ　（万二六六）

これらの歌が、二九〜三一番歌と関わるなら、人麻呂は豊津の淡海も古遠賀湾の淡海も逍遥し、「大津の宮」と「百磯城の大宮処」の両京の荒廃を詠い、「忍熊王らの死」を哀傷したことになろう。

おわりに

「そらみつやまと」を徹底的に追究して、遂に万葉集や記紀の地名を再考証しないことには、文学も史書も解読できないことを明らかにし得たようだ。すでにこの視点で、「飛ぶ鳥の明日香」さえも香春岳の南にあったことを確認しつつある。熟田津《にぎたつ》も天満倭の内にあった。倭奴《いぬ》国も女王国も当然のことだが、倭国だった。その「倭国の歌」すなわち「倭歌」も、この地を源流とする。

倭の源流と、移動した倭とを取り違えないかぎり、記紀に書かれた歴史は必ず正しく復元できよう。また、万葉集の多数の歌も解釈が根本的に変わるであろう。今後の心躍る大テーマである。

最後に、現段階で分かり得る「あきつしまやまと」を解説しておこう。三輪山（香春岳）の東南に宮を置いた神武は、「豊葦原の千秋の長五百秋の水穂の国」を応用して「秋（みのり）津（の）洲（くに）倭（やまと）」とも名づけたようだ。同音の「蜻蛉」の表記があるのは、赤蜻蛉の群れて飛ぶ秋を連想したものであろう。

天満倭（あまみつやまと）・虚見倭（そらみつやまと）・秋津洲倭（あきつしまやまと）・磯城洲倭（しきしまのやまと）と、人の世の王朝と枕詞は交替し、その都度国土を拡張し、倭は終に東方の大和に遷ったけれども、倭の源流すなわち倭の山河は、二十一世紀の筑豊の地に今も麗しい。

倭《やまと》は　国の真秀《まほろば》　畳な付く　青垣　山隠れる　倭し愛《うる》はし

注1　拙論「万葉集の軌跡」参照、『新・古代学』(第四集所収)。

2　『日本の神々』神社と聖地　1九州　谷川健一編　白水社　※対馬・壱岐は永留久恵執筆。

3　図は、対馬の島大国魂御子神社(祭神は大己貴命)の神紋である。そっくりの神紋が、福岡県鞍手郡宮田町の天照宮(祭神は饒速日命)、同小竹町の亀山神社(大歳社、祭神は大歳神)に伝わる。

4　根崎勇夫氏の訓読に拠る。

5　英彦山神宮の上宮は福岡県田川郡添田町英彦山の頂上に鎮座する。

6　天照宮は福岡県鞍手郡旧宮田町磯光に鎮座する。

7　戦後五〇年　古代史発掘総まくり、アサヒグラフ別冊、一九九六年四月一日号。

8　筑豊地方は、天神の領域であり、降臨後の「豊日別」に属する。豊日別神社の分布から見ると、今日の豊前豊後よりも大きな豊国であったようだ。一方、天孫の領域は「白日別」であり、筑紫国は現在の筑前よりも小国であった。後の筑後はもとは火国の領域であったようだ。なお、すでに室伏志畔は「筑豊王朝」の語を用いている。

9 『越境としての古代』一号所収。

10 高見氏は九州大学・山崎光夫の原図を大幅に縮小し、新たに大正期の地名の書込みを施した。

11 山崎光夫「沖積世（新石器時代以降）における洞海湾並びに遠賀川流域の地盤の昇降」、九州大学教養部研究報告第二号（一九五六年）所収。

12 なお、筑豊には日本唯一の「鮭神社」がある。

13 福永晋三「東西五月行」、『越境としての古代』第三号所収。

14 このことは、後の「日出処天子」や「日本国」の号とも深く関わるようだが、機会を改めて詳述したい。

15 大王は倭武大王を指すと考えているが機会を改めて詳述したい。

16 なお、「神功皇后紀を読む会」の上川敏美氏が「蟻通明神」を追究されている。

17 飯岡由紀雄氏から教示していただいた。

18 なお、万葉集一九の「綜麻形」は「みはやま」と訓じるべきであることを「綜麻形」考で証明した（二〇〇三年十月、「古代史最前線」所収）。

Ⅱ

飛ぶ鳥の明日香

はじめに

万葉歌の詠歌場所を題詞・左注から一旦切り離して、歌の表現に沿って最適の地を探索するという、つまり、万葉集の原点に回帰する手法によって、有名な歌ほど近畿大和の地ではなく、今日の福岡県東部の地、筆者の云う「倭国の源流の地」で詠まれた可能性の高いことを抽出しつつある。

今回は、記紀・万葉や古今集の古歌の表現から、「飛ぶ鳥の明日香」の源流の地を求めて調査したことを報告する。云わば「失われた枕詞」について、一定の新解釈を得ることとなったようだ。

枕詞

枕詞（まくらことば）とは何かというと、『日本国語大辞典』（小学館）には、こうある。

《【枕詞】①古代の韻文、特に和歌の修辞法の一種。五音、またはこれに準ずる長さの語句で、一定の語句の上に固定的について、これを修飾するが、全体の主意に直接には関わらないもの。被修飾語へのかかり方は、音の類似によるもの、比喩・連想や、その転用によるが、伝承されて固定的になり、意味不明のまま受け継がれることも多い。この修辞を使用する目的については、調子を整えるためといわれるが、起源ともかかわって、問題は残る。起源については諸説があるが、発生期にあっては、実質的な修飾の語句や、呪術的な慣用句であったと思われる。（後略）》

この説明のように、高校の国語便覧等にも次のような例が掲げられている。

天離る夷の長道ゆ恋ひ来れば明石の門より大和島見ゆ　（万二五五）

叙述説明を加える修飾の仕方。 空遠く離れている、の意からひな（田舎）にかかる。

ぬばたまの夜のふけゆけば久木生ふる清き河原に千鳥しば鳴く　（万九二五）

比喩による修飾の仕方。 ひおうぎは花の名でその実をぬばたまといい、黒色であるところから夜にかかる。

梓弓はるたちしより年月の射るがごとくも思ほゆるかな　（古今一一二七）

掛詞による修飾の仕方。 梓弓の弓をはる＝「張る」意と「春」にいいかける。

ちちの実の父のみこと柞葉（ははそは）の母のみことおぼろかに情（こころ）尽くして思ふらむ　（万四一六四）

同音の反復による修飾の仕方。 ちちの実の「ちち」が父に、柞葉の「はは」が母にかかる。

右の状況下にあって、筆者は「発生期の実質的な修飾」としての枕詞を追究してきた。新玉の年、石走る淡海、天満つ倭、物部の八十、百磯城の大宮、八隅知しわが大君等々である。

筆者にとって会心の追究結果は、「綜麻形（へそがた）の三輪山」の再発見であった。この定型から、「綜麻形」に「みはやま」の訓が生じたと推論した。このヒントになったのが、「飛ぶ鳥の明日香」の定型である。「飛鳥」に「あすか」の訓が生じたことは著名である。だが、「飛ぶ鳥の」がなぜ「明日香」に掛かるのかは未詳であったのだ。

飛鳥川の古歌

「飛ぶ鳥の明日香」に関連して、飛鳥川の古歌に、よく考えれば不思議な謂われが伝わる。
《奈良県高市郡明日香村一帯のほぼ中央を流れる川。下って大和川に合流する。昔、流れが変わりやすく、淵や瀬が定まらないので、世の中の移り変わり、つまり無常にたとえるのに用いられた。》
（全訳古語例解辞典、小学館）

飛鳥川を無常にたとえる歌としては次がもっとも有名であろう。

古今和歌集巻第十八　雑歌　下

題しらず　読人しらず

世の中はなにか常なるあすか河きのふの淵ぞけふは瀬になる

昨日の淵が今日は瀬になる、現実描写の歌ではなく無常観を歌ったものとされてきたが、一両日で淵が瀬になることは、確かに常識的には現実的でない。が、この歌は古今和歌集の古歌に属するから、万葉集と同じ時代の歌と考えてよい。万葉集の歌風は、「素朴で個人の感動を率直に詠みあげたものが多い」とされる。明治期の正岡子規が写生を主張し、万葉集への復帰を唱えて短歌革新を行ったことから見ても、万葉集が写実的な歌風であることは否めない。

飛鳥川の古歌の不思議さはここにある。つまり、「流れが変わりやすく、淵や瀬が定まらない」現実が存在したのではないかということである。その場合に、奈良県の飛鳥川には、右のような変化の形跡も、その理由も見当たらない。

したがって、ここでも万葉歌の「飛鳥川」や「飛ぶ鳥の明日香」の源流の地は、倭国の源流の地、九州に求めるよりほかなさそうだと思われた。

狭井河の新比定

「アスカの源流」を求めているうちに、またも意外なところから糸口がつかめた。神武記から

である。

筆者は、「天満倭考」において、おおむね次のような分析を行なった。

神武は、天満倭本家を追い出したあとに、都を「畝火の白檮原宮」に置き、国号を「秋津洲倭」と改めた。

直後に皇后選定の記事がある。后に選ばれたのは、伊須気余理比売《いすけよりひめ》。「倭の狭井《さゐ》川の上《ほとり》に住む美和の大物主神の御子」である。

この美和（三輪）の神は、大国主神の共同統治者として出現している。「『吾をば倭の青垣の東の山の上に斎《いつ》き奉れ』と答へ言《の》りたまひき。こは御諸《みは》山の上に坐《ま》す神なり。」とある。

美和（三輪・御諸）山は、田川郡香春町の香春岳三山を指し、その近くには犀川も流れている。神武の宮は、倭の三輪山すなわち香春岳の直近にあった。

また、王朝交替によって、三輪山（三山）の名が、雲根火・耳梨・高山に替えられた可能性があり、香春一ノ岳が畝火山、二ノ岳が耳成山、三ノ岳が高山に当たるようだ。三輪山が倭三山の名に替えられた。

神武が崩御し、庶兄當藝志美美命《たぎしみみ》が三人の弟（伊須気余理比売の御子）を殺そうとする。その危機を知らせる歌が残されている。

狭井河よ雲立ちわたり畝火山木の葉騒《さや》ぎぬ風吹かむとす

狭井河と畝火山が近い。美和（山）と狭井川も近い。これらを総合すると、畝火山は三輪山（今日の香春岳一ノ岳）であると比定せざるを得ない。

右において、狭井川（犀川）と三輪山（香春岳）が近いとしたのだが、この点には一抹の不安があった。現地は少なからず距離があるのである。

犀川の流路変遷

筆者の提起を受けて、高見大地氏が犀川の流路を調査した。次のとおりである。

《現在、英彦山を源流とし、行橋市を抜け、周防灘に流れこんでいる今川は、以前は犀川と呼ばれていました。この川の流路はひじょうに特徴のあるもので、英彦山から北へ流れ下って、赤村のところでほぼ直角に東の方へ向きを変えています。向きを変える前の方向をそのまま延長すると、御禊《みそぎ》川という細い川が北へ向って流れ、香春町の南側を通って、金辺《きべ》川と合流し、やがて彦山川に流れ込んでいます。このような地形は、赤村付近を源流として行橋方面に流れていた現在の今川の下流部分（古事記では山代川、日本書紀では山背川とよんでいます）が、何らかの理由で犀川の源流を奪取したものです。その結果、犀川の上流の豊富な水は山代川に流れてしまいました。元の犀川の下流部分（現御禊川）は、その源流を断たれ、付近の丘陵地帯のみが水源となったので、現在のような細い川になってしまいました。図1は、国土地理院の標高データからシミュレートした三次元地形です。実線の矢印が現在の今川の流れの方向で、点線の矢印は源流が奪取される前の犀川の流れの方向です。

図2は、図1の円で囲まれた赤村付近を拡大したものです。今川が直角に曲がる辺りに土砂が堆積し、北の方へ水が流れこめないようになっていることが分かります。この辺りは、昭和四十年代までは灰坂と呼ばれており、流路の変化が火山噴火に関係したことを示唆しているようです。》

高見大地氏は、古代豊国には鶴見岳や由布岳の火山噴火の被害が深刻であり、犀川も火山性堆積物によって、その流路が変わったことを示唆した。また、「直接的な降灰だけではなく、上流の山岳地帯の荒廃で降雨があるたびに大量の土砂が流入した」ことも指摘している。

犀川の流路変化［図1］

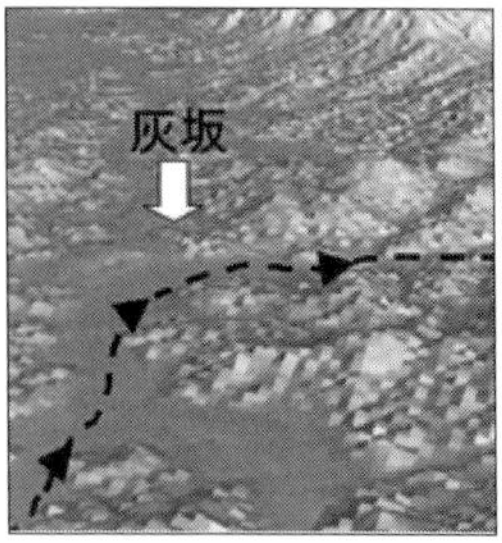

赤村付近拡大図［図2］

すなわち、神武天皇のころの狭井河は古事記歌謡に謡われたとおり、畝火山（香春岳一ノ岳）のすぐ麓を流れていた。また、流れが変わった後の犀川は、「降雨ごとの大量の土砂流入」により、「昨日の淵が今日は瀬になる」可能性が大であり、俄然、古歌の「飛鳥川」の有力な候補と成りえるし、「飛鳥川の古歌」も「写生」の歌となりえるのである。

一体、飛鳥川の昨日の淵が今日は瀬になったのはいつごろだろうか。仁徳天皇紀十一年條にその解答があった。

十一年の夏四月の戊寅の朔甲午に、群臣に詔して曰はく、「今朕《われ》、是の國を視れば、郊《の》も澤も曠く遠くして、田圃《たはたけ》少く乏し。且《また》河の水横に逝《なが》れて、流末《かはじりと》駃からず。聊《いささか》に霖雨《ながめ》に逢へば、海潮逆上りて、巷里《むらさと》船に乗り、道路亦泥になりぬ。故《かれ》、群臣、共に視て、横なる源を決《さく》りて海に通《かよは》せて、逆流を塞ぎて田宅《なりどころ》を全くせよ」とのたまふ。冬十月に、宮の北の郊原《の》を掘りて、南の水を引きて西の海に入る。因りて其の水を號《なづ》けて堀江と曰ふ。又将に北の河の澇《こみ》を防かむとして、茨田堤《まむたの》を築く。（後略）

著名な「堀江」と「茨田堤」の土木工事の記録である。「河の水横に逝れて、流末駃からず。聊に霖雨に逢へば、海潮逆上りて、巷里船に乗り、道路亦泥になりぬ。」と化した土地こそ、現在の行橋市を流れる今川の流域のことであった。「流末」を「かはじり」と日本古典文学大系は訓読したが、行橋市の今川沿いに「流末《リュウマツ》」の地が今も遺されている（高橋通氏の提言）。

赤村灰坂の地で東に流れを変えた犀川（飛鳥川）が「流末」辺りで氾濫していたのである。流末辺りの「南の水」を引いて「北の海」に入れた「堀江」こそが今川であり、その両岸が「版築」して造られた「茨田堤」であることはおよそ明確なところであろう。「茨田堤」の上を私は知らず知らず何度も往来していたのである。なお、「版築」の工法は近くの御所ヶ谷神籠石の遺跡にも見られる。

仁徳十一年は正確には大鷦鷯《おおさざき》天皇十一年としなければならない。西暦四二〇年の頃と思われる。これは、日本書紀の記述に基づくものであり、「茨田堤」の完成の年である。それでも同年四月が飛鳥川の河川争奪の最下限の年と認定され得る。火山考古学にも詳しい高見大地氏は成務天皇の頃に

平成筑豊鉄道田川線・今川河童駅の横に南北に流れている川が今川。川の両岸に「流末」の地名がある。

河川争奪が起きたのではないかと推測されている。したがって、「飛鳥川の古歌」は成務天皇から大鷦鷯天皇十一年までの間に詠まれたと仮定しておく。

赤村の歴史・古伝承

それでは、田川郡赤村が「飛ぶ鳥の明日香」の源流の地であるのか、しばらく、古伝承を探ることにする。

> 赤村はもと上赤、下赤、山浦、大内田、小内田といった五カ村を合併したもので、上赤、下赤、本村はかつて吾勝野といっていた。太古において吾勝山上（現在の岩石山）に天祖吾勝《あかつ》尊が天降ったということから起因して、この山の東麓一帯の野を吾勝野と称したのである。それが景行天皇の時、田河の川上にいた土蜘蛛《つちぐも》麻剥《あさはぎ》の残賊を誅滅の後、この山上の吾勝尊の神社に奉賽されて遠く東麓を望みこの麓は沃土南北に連なって狭く長いため、自今二村を形成するがよかろうといわれたので、これより上を津野といい下を阿柯と称した。のち阿柯を上赤、下赤の二村に分けた。
>
> （田川産業経済大鑑、373～375頁。傍線は福永）

赤村教育委員会が平成元年に発行した『赤村 史・誌資料』にもいくつかの古伝承が残されている。

一つは、神功皇后御腰掛石の伝承である。神功皇后が中津郡へ行く途中、休まれたと伝えられている石が、山浦大祖神社の境内に残っている。

次に、我鹿《あか》屯倉《みやけ》跡が赤村に伝わる。

大宰管内志に曰く　安閑天皇（人皇第二七代）紀に　二年五月丙子朔　豊国我鹿屯倉を置く（我鹿此を阿柯と云）とあり　名義未だ考えす　田川郡に　上赤　下赤二村あり　山中なれども田地広き処なり云々　此の御代に此の屯倉守等　屯倉守護神として斎き祭りし豊宇気姫命は　今　我鹿八幡神社内に座せり、屯倉の跡は　字常光に在り。

以上のように、通例は知らされない古代の事跡の伝わる土地である。一部は日本書紀の記述とも合致する。その上、さらにもう一点、「飛ぶ鳥の明日香」に関連して、田川郡の現地伝承に漏れた重要な伝承があった。

神武天皇東征説話

昭和九年発行の『鞍手郡誌』に「神武天皇御東征」の歴史が述べられている。そこから、先の「吾勝野」付近に触れた箇所を抄録する。

・これ即ち忍穂耳尊と鞍手郡の関係を物語り、その史説は田川郡を中心として霊跡され、神代鞍手の幽遠に神さぶる神話種々相を遺影せり。

・英彦山は日子山又は彦山といつて筑紫、就中北九州の国見山であつた為め、天神天忍穂耳尊もこの山にお降りになり、この山を目標とし、国見山として筑紫の「国覔」―即ち国状をみそなはし給ふたわけで、…だから、（神武）天皇は先づこの山頂に於て国覔を遊ばし、親しく天神の曾跡を偲び給ふたことが想像され、…

・天皇方に中州に遷らんと欲し日向より発行し給ふ（中略）陸路将に筑紫に赴むかんとし給ふ時、馬見物部の裔駒主命眷属を率ゐ田川郡吾勝野に迎へて足白の駿馬を献じ、因て奏して曰く、是より国応に導き奉る可し、宜しく先づ着行すべし、臣が馬は野の牧場にして発幸に奉るなり（撃鼓神社古縁起）

・筑紫鎌の南端、豊前田川に接する地を山田の庄といふ、庄の東北に山あり帝王山と云ふ、斯く云ふ所以は、昔神武天皇東征の時、豊国宇佐島より柯柯（阿柯か）小野に出でて天祖吾勝尊（天忍穂耳尊）を兄弟山の中峰に祭りて後、西方に国を覔め給はんとし給ふ時（中略）山上神社あり之を射手引神社と云ふ…（射手引神社々伝）

右記のように、「吾勝野」の地に、神武天皇東征説話が深く関わる。そうして『鞍手郡誌』は、神武天皇の御コースを表に記した。その中の二点を抽出する。

一、鳥居（射手引神社々伝）
前記八所神社附近の地名、霊鳥が「伊那和」と鳴きて皇軍を導いた土地

一、鳥尾峠（同）
霊鳥を鳥尾明神の出現といひ、カラスは八咫烏のカラスに同じ

まず、八咫烏が皇軍を導いた土地の名が「鳥居」となっていることが注目される。次にその土地が、「吾勝野」に極めて近い点が注目される。

以上の現地伝承の数々と「飛ぶ鳥の明日香」の表現とが緊密に関連していると思われる。

枕詞「飛ぶ鳥」の正体

「飛ぶ鳥」が神武天皇東征を導いた「八咫烏」であり、それが「吾勝野」の地すなわち今日の赤村での故事であるなら、やはり、赤村こそ「飛ぶ鳥の明日香」および飛鳥川の源流の地と言

わざるを得ないようだ。「飛ぶ鳥」と「明日香」の組み合わせこそ、二千年の長きにわたって「飛ぶ鳥」の正体が「烏（カラス）」であることを証言していたと思われる。

第一に、漢字「烏」の音が見失われていたようだ。烏の別字に「鴉」＝「雅」があり、音が「ア」である。もう一字に「鵶」（音＝ア）があり、カラスの鳴き声に至っては「唖唖」と表記される。「烏（ウ）」も古くはアと発音したのである。「飛ぶ鳥」がカラスであり、被修飾語へのかかり方が音の類似によるものであるならば、その鳴き声アから「明日香」が導かれると思われる。

この時重要なのが、カラスの鳴き声をアと聞く民族が赤村もしくは福岡県一

求菩提山大天狗像（木造・江戸時代）

帯に居住していたことを考慮しなければならない。それは、筆者の云うように、「天神降臨」や「神武東征」の事変が古遠賀湾沿岸に起こったものであり、その中心の一族が遠くは中国から朝鮮半島を経由して渡来した一族である可能性を考えなければならないと思われる。「烏(ウ)」をアと発音したころの中国系の人々の渡来があったから、「飛ぶ鳥の明日香」が生じたと思われるのである。

カラスの語源については、富永長三氏との会話から、梵語のガルダとの関連を考えてみた。このヒンドゥー教の神は、伝説上の巨鳥で、竜・蛇を常食としたとされる。その偶像に見られる姿はまさしく我が国の「烏天狗」そのものである。蛇をトーテムとする美和の大物主神一族を支配した天神族が、ガルダをトーテムとする一族なら伝説とは符合する。カラスとは「ガルダ衆」の訛りと推測されるのである。筑豊の「さしすせそ」は平安時代と同じく「しゃししゅしぇしょ」と今も発音する。カラスはカラシュである。また、福岡県には油山や雷山の清賀上人の伝承等、インド人の渡来も十分に考えられるのである。(羽白熊鷲も「背に翼有り」と表記されるが、ガルダの偶像を指すのであれば、八咫烏の同族を意味するのではないだろうか。)

第二に、烏は夜明けを告げる鳥である。今日では鶏が常識となっているが、古くはカラスが時を告げる鳥の代表であったようだ。

例えば、出雲の美保神社に伝わる青柴垣《あおふしがき》の神事において、美保関町の町内を「七度半でござーる、トーメー」と触れて廻る一行の中に、「テンガラス」と呼ばれる役の少年がいる。地元の人に尋ねたら「時を告げる鳥を意味する」との答えがあった。カラスが時を告げるのである。辞書にも「明烏」（あけがらす）の語があり、「夜明けがたに鳴く烏。また、その声。」と説明されている。

したがって、「飛ぶ鳥の」は音の類似だけでなく、意味の上から「明け」の音や字を導き出すことも考えられる。そうしたときに、朱雉を得て朱鳥と改元した天武天皇の宮が「飛鳥浄御原宮」であることも、ある程度理解できよう。「飛ぶ鳥の《朱鳥（あけみどり）・明日香》の浄御原宮」の意と考えられるのである。（朱鳥はあるいは血に染まった烏を意味し、カラスをトーテムとする一族を殲滅したことの暗示・比喩とも考えられる。筆者のひそかな考え方である。）

第三に、烏は太陽神（日神）であったり、太陽神の使いであったりする。まず、東アジアに残る「射日神話」に見られるように、烏は太陽神そのものである。

中国の神話では、太古、空に十個の日があり、人々は猛暑に苦しんでいた。人々は天帝に日を減らして欲しいと頼んだ。天帝の命を受けた羿《げい》が九個の日を射たところ、烏が落ちてきた。一個の太陽が残り、人々は猛暑から解放された。

次に、日本では、熊野権現の神使として有名である。サッカーの日本代表チームのシンボルである「三本足の烏」こそが、元を正せば、熊野権現の神紋である。熊野権現では、三本の足は天・地・人を表わし、神と自然と人が、同じ太陽から生まれた兄弟であることを示すとしている。

また、先のガルダは、ヴィシュヌ神を乗せる。この神は、ヒンドゥー教三神の一であり、リグ・ヴェーダでは太陽の活動を象徴するとある。東南アジアにおいて、ガルダ・カラス・太陽は一本の太い線につながる。

これらのことからも、「飛ぶ鳥の」が「明日（香）」を導き出すことの意味が自ずと解るのである。

以上から、「飛ぶ鳥の」という枕詞が「明日香」にかかる理由は、決して通説のように意味不明ではなく、むしろ二重三重の深い意味が上古から伝承されていたと断言できよう。

飛鳥の源流

福岡県田川郡赤村は古くは「阿柯」と呼ばれていたが、そこにカラスの二通りの鳴き声、アとカが含まれていることにも気づかされる。数々の古伝承との関わり、火山考古学から見た犀川（今川）＝飛鳥川の流路変遷の現実、和歌の枕詞の探求、それらがすべて一点に集中した以上、明日香の地は、赤村であったと結論するよりほかはない。なお、赤村の地図に、「飛鳥の岡本宮」の候補地も挙がっている。

「飛ぶ鳥の明日香」は、福岡県田川郡赤村の地がその源流の地のようである。奈良県の明日香は八世紀以後に、赤村の明日香を離れた人々が、東遷してそこに故郷を懐かしんでつけた地名、すなわち移動した地名と考えざるを得ない。記紀・万葉および古今和歌集の古歌に詠まれた「飛ぶ鳥の明日香」や「飛鳥川」も、これからすべて再検討が必要となろう。今後の大きな課題である。

おわりに

「飛ぶ鳥」が「鳥」であることを再発見した途端に、もう一つの枕詞の意味も解けた。「鶏が鳴く吾妻」である。「鶏」字に惑わされて、意味不明だったが、このトリもカラスであるなら、「トリが鳴く」は明らかに鳴き声アを導き出し、そのままアヅマの語につながるとする考えはごく自然である。アは決して鶏の鳴き声とは思われない。

数年にわたる福岡県を中心とする北九州、豊国での現地調査は、意外にも、東の地の古代をも解明することとなり

飛鳥の源流の地

そうである。

二〇一四年夏、香春町で講演した際、川崎町在住の中野貢氏とお会いし、田川郡内には日本最大級の前方後円墳を初めとして大小十八基の未報告の古墳が遺されているらしいことを教えていただいた。遺跡の存在から見ても、赤村はやはり、古代飛鳥の源流の地である。

（この原稿は、「古代史最前線」二〇〇五年四月号初出、仁徳紀読了後の新事実を加えて二〇一四年十二月に一部を改編した。）

Ⅲ

真実の仁徳天皇

香具山に登りて望國《くにみ》したまふ天皇

はじめに

これまでに、「天の香山考」や「神武は筑豊に東征した」等を述べてきた。その結果、「西暦一二一年に、神武天皇が中国正史に謂う倭奴国を滅ぼし、今日の福岡県田川郡香春町高野に鎮座する鶴岡八幡宮の地に橿原の宮を建て、そこで即位した」という前人未踏の仮説をたてるにいたった。同時に、神武朝は、中国正史に謂う「邪馬台国《やまと》」の建国でもあり、その国は必然的に、古代の「豊国（豊前・豊後）」とその周辺であると述べた。また、邪馬台国の女王卑弥呼も神武の薨去後の倭国大乱を経て、神武から数えて七代ころに共立された女王であるとし、魏志倭人伝に記された「帯方郡からの行路」も解明し、女王の都を今日の宇佐八幡宮（最近は田川郡）辺りと比定した。

右の仮定に立って、記紀を読み直し、且つ、万葉集の詠歌の場所を検討し直す過程で、重大な歴史事実を発掘することになった。それは、またしても「倭国（豊国）の『天の香山』」周辺の出来事であった。

一、宇治の京

仁徳紀の「菟道宮」とは何か

平成二十二年四月、神功紀を読む会は、仁徳紀の次の箇所を解読していた。

乃ち（大山守皇子を）那羅山に葬る。既にして（太子菟道稚郎子《うぢのわきいらつこ》）宮室を菟道に興てて居します。猶ほ位を大鷦鷯尊《おほさざきのみこと》に譲りますに由りて、以て久しく皇位に即きまさず。爰に皇位空しくして、既に三載を經ぬ。時に海人有り。鮮魚の苞苴《おほにへ》を齎ちて、菟道宮に獻る。太子海人に令して曰はく、「我天皇に非ず。」と。乃ち之を返して難波に進《たてまつ》らしめたまふ。大鷦鷯尊も亦返して、以て菟道に獻らしめたまふ。是に、海人の苞苴、往還に餒《あざ》れぬ。更に返りて他の鮮魚を取りて獻る。譲りたまふこと前日の如し。鮮魚亦餒れぬ。海人、屢《しばしば》還るに苦しみて、乃ち鮮魚を棄てて哭く。故、諺に曰はく、「海人なれや、己が物に因りて泣く。」と。其れ是の縁なり。（原漢文。訓読及び、（　）内の補いと傍線は福永。以下同じ。）

傍線部の「宮室を興つ」とは、日本書紀の表記において、明らかに天皇即位を示す。太子菟道稚郎子は即位したのである。したがって、「猶ほ位を大鷦鷯尊に譲りますに由りて、以て久しく皇位に即きまさず。爰に皇位空しくして、既に三載を經ぬ。」の記事こそが改竄であり、「大鷦鷯尊（仁徳）を正統とする」のが日本書紀のイデオロギーである。古事記も同様であるが、皇位を譲り合ったのは「多日」とあるのみ。ところが、日本書紀は應神と仁徳の間に三年の空位を明確に記したのである。この三年（三載）が重大な意味を有することになる。後述する。

太子菟道稚郎子は即位した

その太子菟道稚郎子の即位を消そうとした、日本書紀のイデオロギーから漏れた記録が「播磨国風土記」の揖保郡の条に残されている。

上筥岡・下筥岡・魚戸津《なへつ》・朸田《あふこだ》　宇治天皇のみ世、宇治連等が遠祖、兄太加奈志・弟太加奈志の二人、大田の村の與富等の地を請ひて、田を墾り蒔かむと来る時、廝人《つかひびと》、朸を以ちて、食《をしもの》の具《うつはども》等の物を荷ひき。是に、朸折れて荷落ちき。所以に、奈閇《なべ》落ちし處は、即ち魚戸津と號け、前の筥落ちし處は、即ち上筥岡と名づけ、後の筥落ちし處は、即ち下筥岡と曰ひ、荷の朸落ちし處は、即ち朸田と曰ふ。（原漢文）

右の傍線部「宇治天皇之世」について、岩波大系本の頭注にこうある。

〈応神天皇の皇太子菟道稚郎子皇子。記紀には、帝位を御兄（仁徳天皇）に譲って即位せられなかったとあるが、ここに天皇とあるのは、日本書紀によって天皇の御歴代が確定する以前の称によったものである。天皇とするからその「み世」という言い方が出来るのである。〉

蓋し、卓見であろう。傍線部の思考が私よりも先行する考え方である。

つまり、「宇治天皇之世」は歴史事実として存在したのである。

万葉集の「宇治の京」

次に、私の「宇治天皇在位」説に、富永長三さんが「宇治の京《みやこ》」を即答された。万葉集七番歌である。

額田王歌　未詳

金野乃　美草苅葺　屋杼礼里之　兎道乃宮子能　借五百磯所念

（秋の野のみ草刈り葺き宿れりし宇治の京の仮廬《かりいほ》し思ほゆ）

右、山上憶良大夫の類聚歌林を検ふるに曰はく、一書に戊申の年比良の宮に幸すときの大御歌といへり。但し、紀に曰はく、五年春正月己卯の朔の辛巳、天皇、紀の温湯より至ります。三月戊寅の朔、天皇吉野の宮に幸して肆宴す。庚辰の日、天皇近江の平の浦に幸すといへり。（原漢文）

この歌と左注とを岩波大系本の頭注、即ち上代文学の通説に従って解釈してみよう。

〔大意〕秋の野の草を刈って屋根にふいて宿っていた、あの宇治（京都府宇治市）のみやこの仮廬がなつかしく思い出される。

右は、山上憶良大夫の類聚歌林を調べると書いてあることには、一書に戊申の年（大化四年＝六四八）に（皇極太上天皇が）比良（滋賀県滋賀郡）の宮に行幸されるときの大御歌といっている。ただし、斉明（澤瀉久孝説）紀にいうには、五年春正月己卯の朔の辛巳に、天皇が、紀の温湯よりおいでになる。三月戊寅の朔、天皇は吉野の宮（奈良県吉野町宮滝の離宮）に行幸されて御宴をなされた。庚辰の日に、天皇は近江の平の浦（滋賀県滋賀郡）に行幸されたといっている。

つまり、「宇治は大和と近江との交通路にあたり、記紀万葉にしばしば見える。」との解釈に立つ。今日の近畿一辺倒の解釈である。これらの解釈は勿論、採るに値しないし、肯定する気も微塵も無い。特に、岩波大系本は「宇治の京」に何らの注を付さない。独り、澤瀉久孝博士は〈「みやこ」は行宮のあるところであり、皇居でなくとも、さるべき宮などあつて人々の集まつたところを呼んだものと思はれる。宇治は大和から近江への通路であり、仁徳紀（即位前紀）に「興二宮室於菟道一而居之」とあるやうに菟道稚郎子が皇太子として居られたとろであるから「みやこ」と云つたものであらう。〉と、宇治の京＝菟道稚郎子の行宮（京都府宇治市）説を採られた。

しかし、私はすでに、記紀・万葉に現れる「菟道」は全て「倭国の中心地から菟狭（宇佐）に至る道」のことであるとし、それは、律令時代の「古代田河道」（『延喜式』以前の駅家と駅路）に概ね同じであるとした。

その立場からすれば、万葉集七番歌の

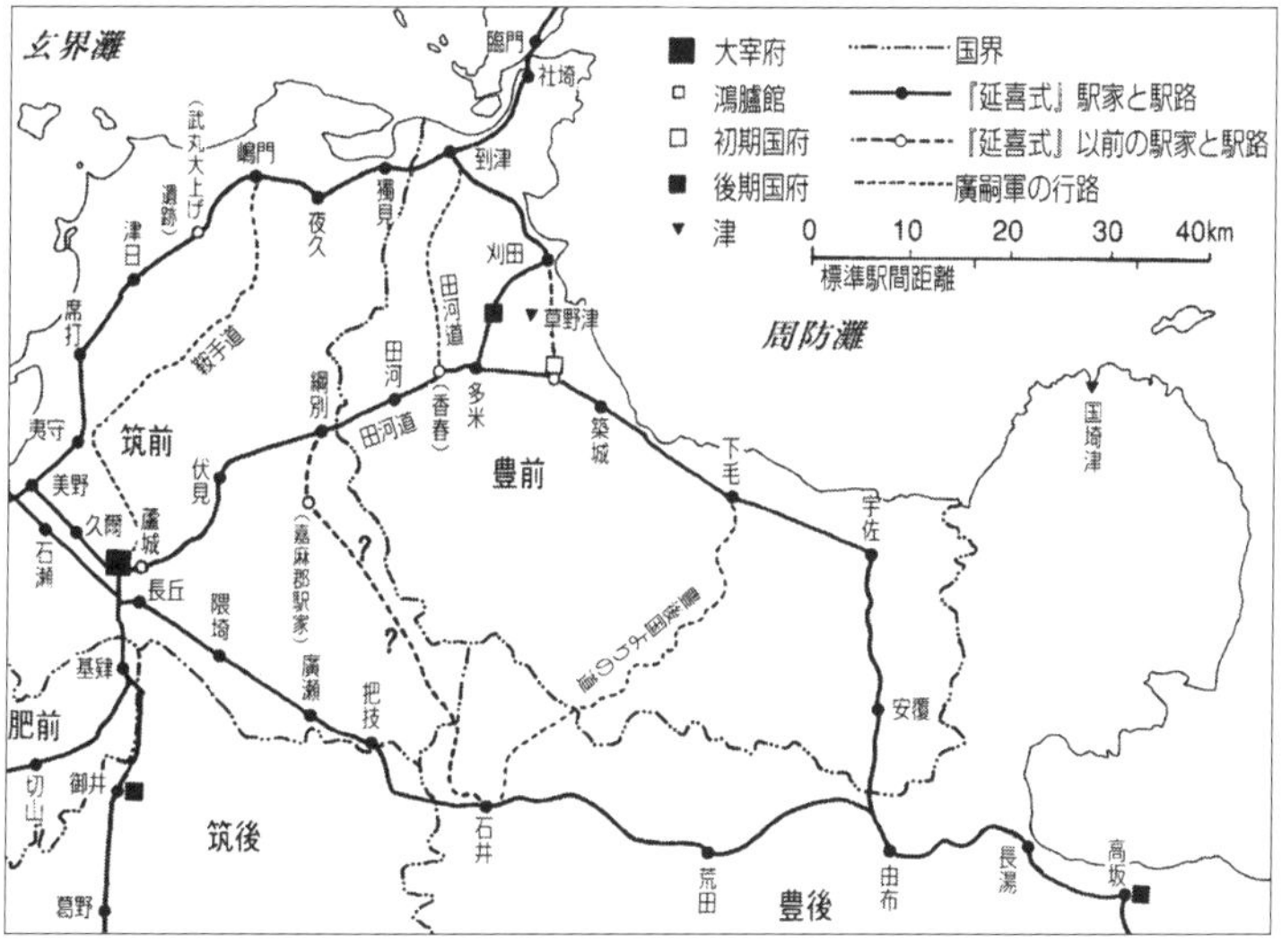

西海道北部の駅路（『延喜式』以前の駅家と駅路）『香春町史』上巻より

「兎道乃宮子（宇治の京）」は仁徳紀の「（太子菟道稚郎子）興㆓宮室於菟道㆒而居之」の「菟道の宮室」と同一であり、「宇治天皇」とその宮室（皇居）「宇治の京」とは、日本書紀のイデオロギーからわずかに免れた結果として、播磨国風土記と万葉集の中に、それぞれたった一語ずつながらも、厳然と記録され残されていたと考えられるのである。

だが、ここまで読解が進みながら、私はまだ万葉集七番歌とその前後の歌の真意・深奥に気づかないでいた。

二、宇治の京はどこか

万葉集の「淡海の国」と神功紀の「菟道」

先に、「宇治の京」＝「菟道の宮室」を律令時代の「古代田河道」に重なる地にあるとしたが、「菟道」の根拠は、万葉歌と神功紀にあった。

近江の荒れたる都を過ぐる時、柿本朝臣人麿の作る歌

玉手《たまだ》次《すき》畝火の山の　橿原の日知の宮ゆ　阿礼座しし神の尽　樛の木の弥継ぎ嗣ぎに　天の

下知らしめしける　天満つ倭を置き　青丹よし平山越えて　何方を思ほしけめか　天離る
夷には有れど　石走る淡海《あふみ》の国の　楽浪《ささなみ》の大津の宮に　天の下知らしめしけむ　天皇の神
の御言の　大宮は此処と聞けども　大殿は此処と言へども　霞立ち春日か霧れる　夏草か
繁くなりぬる　百磯城《ももしき》の大宮処見れば淋しも　（万二九）

反　歌

楽浪の思賀の辛碕幸くあれど大宮人の船待ちかねつ　（万三〇）
ささなみの比良の大わだよどむとも昔の人に会はむと思へや　（万三一）

右の訓読は、「天満つ」以外、「或は云ふ」の割注を採用し、なるべく原表記の漢字を活かしたものである。

【解釈】玉手次畝火の山の橿原の日知（神武天皇）の宮以来、出現された皇神の尽《ことごと》くが、（樛《つが》の木の）いよいよ（日知の位を）継ぎ嗣ぎして、天の下をお治めになったところの、天満つ倭（虚見つ倭、古遠賀湾沿岸）をさしおき、青丹よし平山を越えて、何方をお思いになったのだろうか、天離る東方ではあるけれど、石走る淡海の国の、楽浪《ささなみ》の大津の宮に、天の下をお治めになったという、天皇（景行天皇）の皇神のお言葉の、大宮は此処と聞くけれども、大殿は此処と言うけれども、霞立ち春日がかすんでいるからか、夏草が繁くなっているからか、（実は涙でぼんやりとかすむ）百磯城の大宮処を見ると荒廃していることだ。

反　歌（をさめ歌）

楽浪の思賀の辛碕は、昔に変らずにあるけれど、ここを出たままの大宮人の船を再びここに待ちうけることはできない。

さざなみの比良の大わだは水が淀んで（大宮人を待って）いても、昔の人に会おうと思うことであろうか。いやそんなことはない。

【新考】 日本書紀の神功皇后摂政元年二月三月の記事、神功皇后軍が忍熊王《おしくまのみこ》を滅ぼし入水自殺に追い込んだ戦記を念頭に置き、忍熊王の拠った百磯城の大宮処の跡を実際に訪れ、その荒廃を嘆き、併せて忍熊王の悲劇的な最期を傷んだ。そこは天満つ倭の東方、豊国の淡海に展開された事変であった。武力革命による王朝交替のもたらす悲劇を詠んだ、優れた叙事詩である。

反歌二首—人麻呂は反歌で、一転して、忍熊王の入水自殺を悼む。思賀の辛碕と比良とは現在不明。遠賀の海側に下りたか。神功紀にはこの事件が詳細に記されている。次は、その一節である。

是に、其の屍を採れども得ず。然して後に、日数《へ》て菟道《うぢ》河に出づ。武内宿禰、亦歌ひて曰く、

淡海の海　齋多の濟《わたり》に　潜く鳥　田上過ぎて　菟道に捕へつ

忍熊王は「淡海の海の齋多《せた》の濟」で入水自殺を遂げた。そこは海である。王の死を確認するため武内宿禰は屍を探索する。その屍は菟道河に上がった。菟道河はやはり人麻呂の歌から分かる。

物乃部《もののふ》の八十氏河の網代木にいさよふ浪の去辺《ゆくへ》知らずも　（万二六四）

天の物部二十五部の居住したところの八十氏河と言えば、古遠賀湾に注ぐ、現代の相当上流に当たる遠賀川の支流を指すようだ。例えば今日の飯塚市近辺が河口になるあたりか。そこは古代田河道、すなわち菟狭（宇佐）に至る古道の近くでもある。菟道河の表記に合う。齋多の濟が頴田《かいた》町勢田（鹿毛馬神籠石の近く）と仮定すると、この淡海に沈んでも満潮時には逆流して氏河（彦山川か）に押し戻されることも起こりうる。人麻呂はさらに次の歌も詠んでいる。

淡海の海夕浪千鳥汝が鳴けば情もしのに古念ほゆ　（万二六六）

これらの歌が、二九～三一番歌と関わるなら、人麻呂は豊津の淡海も古遠賀湾の淡海も逍遥し、「大津の宮」と「百磯城の大宮処」の両京の荒廃を詠い、「忍熊王らの死」を哀傷したことになろう。

右は拙論「『天満倭』考」で述べた主要部分だが、ここに「菟道」の地が豊前国にあったことを如実に示している。重要点が二つある。

①「菟道」の地名の出現は、仁徳紀よりも神功紀のほうが早い。万葉集七番歌と二九～三一番歌との詠歌の時期の先後関係は明らかでないが、歌の内容は後者の方が古い。

②七番歌左注の「一書に戊申の年比良の宮に幸すときの大御歌といへり。」の「比良の宮」と三一番歌の「比良の大わだ」に共通する「比良」は年代的にも地理的にもほぼ同一の地と考えられる。決して滋賀県の辺りではない。

つまり、「宇治の京」と「比良の宮」とは直近の所にあり、ともに豊国内の「菟道」とその周辺、特に「淡海」（古遠賀湾か、行橋市すなわち旧京都郡内の古代入江）に近い所にあることになる。三〇番歌の「青丹よし平山」の平山も通説ではナラヤマと訓まれるが、あるいはヒラヤマかも知れない。後に詳述したい。

「金野」の「宇治の京」

以上の観点から「宇治の京」の所在地を考えた時、俄然、万葉集七番歌に大いなるヒントが歌われていたことに気がついた。

金野乃　美草苅葺　屋杼礼里之　兎道乃宮子能　借五百礒所念
（秋の野のみ草刈り葺き宿れりし宇治の京の仮廬《かりいほ》し思ほゆ）

「金野」である。

通説の訓読では、初句「金野乃」を「秋の野の」と訓読してきた。例えば、岩波日本古典文学大系「萬葉集一」の頭注にはこうある。

〈金をアキにあてるのは五行思想に基づく。木火土金水を春、夏、土用、秋、冬にあてるので、金は秋になる。〉

さらに、『萬葉集注釋』（澤瀉久孝）では、「金風（あきかぜ）」（九・一七〇〇）、「金山（あきやま）」（十・二二三九）などの例がある、とする。

しかし、七番歌において、「金野」は地名、固有名詞であり、決して「アキの野」という普通名詞ではない。普通名詞に訓読した段階で、本来、歴史事実に関連した七番歌の真意は、多くの万葉歌とともに、誤解の泥沼に沈められていたと言えよう。

それでは、常識的に固有名詞「金の野」と訓読した場合、そこは一体どこを指すのか。すでに通説から大きく離れて、倭国をその本貫地「豊国」に置いた私の立場からは、「豊国」内の「菟道」の道筋に求めるしかなかった。さらに言えば、「物乃部の八十氏河」沿いに探すより他はなかったのである。

先ず、二〇一〇年七月に田川郡金田町中元寺川沿いを訪ねた。中世に「金田荘」の名が見えるからだ。そこに、字「川宮」の地があったが、これは、明治時代に川原弓削田村と宮床村とが合併して成立した名。それでも宮床の宮とはどこか、地元の人や町役場の人に尋ねたが詳細は分からなかった。少し範囲を広げて、金田町の平野部に古社を巡ってみたが、「金の野の宇治の京」を思わせるものには行きあたらなかった。

そこで、仁徳紀に戻って、今度は難波高津宮を基点にして、「金の野の宇治の京」を求めることにした。

三、難波高津宮

太子菟道稚郎子と大鷦鷯尊の宮

難波高津宮は、大鷦鷯尊が即位したときの宮であるが、この宮は先の仁徳紀の逸話の「難波（宮）」と同じであろう。

時に海人有り。鮮魚の苞苴《おほにへ》を齎ちて、菟道宮に献る。太子海人に令して曰はく、「我天皇に非ず。」と。乃ち之を返して難波に進《たてまつ》らしめたまふ。大鷦鷯尊も亦返して、以て菟道に献らしめたまふ。是に、海人の苞苴、往還に鯘《あざ》れぬ。更に返りて他の鮮魚を取りて献る。譲りたまふこと前日の如し。鮮魚亦鯘れぬ。海人、屢《しばしば》還るに苦しみて、乃ち鮮魚を棄てて哭く。

太子菟道稚郎子と大鷦鷯皇子が皇位を譲り合ったとされる逸話である。この時、海人が菟道宮と難波（宮）を往還し、その間に鮮魚が腐り、他の鮮魚を献上したが、前日同様に二人が譲り合ったため、亦も鮮魚が菟道宮と難波（宮）の往還の間に腐ってしまったというものである。季節ははっきりしないが、菟道宮と難波宮の間の一往復の時間で鮮魚が腐る距離、しかもそれが徒歩によるものと考えると、両宮の道程はそれほど遠くない。一往復でおよそ二〇キロメートル、徒歩五時間前後であろうか。

それに対して、通説のように、京都府の宇治と大阪府の難波との距離なら、ざっと四〇キロメートル以上となり、片道の途中で鮮魚が腐る。また海で得た鮮魚を先に菟道宮に献上する道程がはなはだ合理的ではない。もし、船で運んだとしてもまだ合理性に欠ける嫌いがある。川魚はほぼ論外である。

大鷦鷯尊の宮と倭三山の歌との真相

この逸話が史実か否かは証明のしようがないが、少なくとも鮮魚の腐るという逸話が成立するには、菟道宮と難波宮の距離が意外に近かったという、相応の説得力を有するものでなければならないだろう。

この時既に、豊前国内に難波高津宮を見出していた。行橋市入覚に鎮座する五社八幡神社が難波高津宮跡と考えられる。万葉集一三・一四番歌の追究から偶然に見出された。

中大兄近江宮御宇天皇三山歌

高山波　雲根火雄男志等　耳梨與　相諍競伎　神代従　如此尓有良之　古昔母　然尓有許曽　虚蝉毛　嬬乎　相挌良思吉　（万一三）

かぐやまは　うねびをしと　みみなしと　あひあらそひき　かむよより　かくにあらし　いにしへも　しかにあれこそ　うつせみも　つまを　あらそふらしき

反　歌

高山與　耳梨山與　相之時　立見尓来之　伊奈美國波良　（万一四）

かぐやまと　みみなしやまと　あひしとき　たちてみにこし　いなみくにはら

従来、三山の性別について長大な論争があるが、後半の「妻争い」の一点に焦点を絞って解釈すると、

《香具山（男）は畝傍山（女）を愛しいと思い、耳成山（男）と争った。神代からこうであるらしい。昔もそのようであるからこそ、現世の人の世でも（他人の）妻を争うらしい。

反　歌

香具山と耳成山とが争った時に、阿菩の大神が出雲を発って見に来た印南国原はここなのだなあ。》

という大意になろう。反歌の解釈は、播磨国風土記の三山相闘の伝説が関わる。

上岡の里本は林田の里なり。土は中の下なり。出雲の國の阿菩の大神、大倭の國の畝火・香山・耳梨、三つの山相闘ふと聞かして、此を諫め止めむと欲して、上り来まし し時、此處に到りて、乃ち闘ひ止みぬと聞かし、其の乗らせる船を覆せて、坐しき。故、神阜と號く。阜の形、覆せたるに似たり。

播磨国風土記の三山「畝火・香山・耳梨」は、万葉集の「雲根火・高山・耳梨」に相当するから、一三・一四番歌の「高山」が「かぐやま」と従来、訓まれてきた。だが普通に「香山」あるいは「香具山」と表記すればよいところを万葉歌は「高山」と表記するから、別山であるとした。

また、「天の香山」を記紀の「赤銅を産する山」との記述から香春岳三ノ岳に、耳梨を二ノ岳に、畝火を古事記神代の「畝尾」の表記に着目して一ノ岳に比定し得た。

さらに各地に残る「三山伝説」の典型として、恋の成就した二山は並び、恋に破れた一山は離れた場所にあるとのパターンが存在する。その点、香春岳三山はいささか異色である。天の香山と畝尾山との間に耳梨山があるとは言え、恋に破れたらしい天の香山はそれほど離れているとは言いがたい。

以上を踏まえて、「高山」がもしも「香山」と別山であるなら、香春岳三山から少し離れたところにあるのではないか。そう考えて現地調査をした時に、行橋市入覚の地に「幸ノ山（一七八メートル）」を見出したのである。高見大地氏・上川敏美氏の助けもあって、この山麓に明治期まで「高山（たかやま）」の字名が残されていることが知られた。そこは「三山伝説」の典型どおりに、耳梨・畝火からは一山越え、北東に離れたところである。

高山の発見後に、別の一行と再び高山を訪れたところ、西向かいに五社八幡神社を見出した。小高い丘の上に鎮座する宮である。登ってみると、左右に回廊を備えた立派な造りの拝殿があった。この時は、祭神も分からずに引き上げたが、数カ月後にまた別の一行と訪れた際に、拝殿の一隅に質素な由緒書きがあるのに田中肇氏が気づかれた。そこには、仁徳天皇が祭神の一柱であることと、「なぜか分からないが、聖帝伝説がこの地に伝えられている」との説明が施されていた。その瞬間に、この宮が仁徳天皇の難波高津の宮跡であるとの確信に至った。気がつけば、すぐ北には何度も訪れた、七〜八世紀の古代寺院、椿市廃寺がある。そこは、著名な四天王寺式伽藍配置。この寺こそあるいは難波四天王寺ではないかと推測される。行橋市入覚は古代淡海の最奥部に位置し、その名残の溜池も散在する。「波立ち難し」の「難波」の地に相応しい。

行橋市入覚の地図

なお、仁徳天皇の聖帝伝説について、日本書紀に「朕、高臺に登りて、遠に望むに、烟気、域の中に起たず。」とあるのが、古事記では、「是に天皇、高山に登り、四方の国を見、詔りたまはく、『国の中に烟起たず。…』」となっている。通説の多くは、「高山」を固有名詞と見ずに、「高き山」と訓読するが、万葉集一三・一四番歌と同じ表記であることから、「たかやま」であり、早くに同歌が仁徳紀に関わるという認識はあった。

だが、この時は単純に、仁徳天皇が「難波高津の宮」の向かいの、「高山」に登って、国見をなさったのだと考えた。聖帝伝説が入覚の地にあって何の不思議もないと考えるに止まっていた。万葉集一三番歌に秘められた、ある重大な真意にまだ気づかずにいたのである。

五社八幡神社（行橋市入覚）

四、金野の宇治の京

金野の再探索

大鷦鷯皇子の難波宮を入覚の五社八幡神社に比定し、ここを基点に再度、「金野の宇治の京」を探すなら、先の中元寺川沿いよりも東方に求めなければならないようだ。海人が菟道宮と難波宮を往還し、その間に鮮魚が腐ったという逸話に拠れば、一往復でおよそ二〇キロメートルの間と推測したからだ。

では、難波宮から片道一〇キロメートルの辺りに果たして「金野」はあるか。

あった。「金辺川」沿いの野である。キベガワと読む。文字通り、「金の辺りを流れる川」である。その金辺川沿いには、平安時代、「勾金荘」の荘園名が見える。宇佐神宮文書に、「豊前国図田帳」(『永弘文書』)という断簡があり、そこに記してあるらしい。その勾金荘のあった香春町には現在も「勾金」の名が散在し、「勾金神社(宮)」までも香春町大字中津原字苫島に存在する。「勾金宮」については、平松幸一氏も考察されたように、安閑天皇(五三一〜五三五)の宮の跡と思われる。

勾大兄広国押武金日天皇は男大迹天皇の長子なり。母をば目子媛と曰す。二十五年の春二月の辛丑の朔丁未に、男大迹天皇、大兄を立てて天皇としたまふ。即日に男大迹天皇崩りましぬ。（中略）

元年の春正月に、都を大倭国の勾金橋に遷す。因りて宮号とす。（中略）是年、太歳甲寅（五三四）。

安閑記は、「勾之金箸宮」と記す。従って記紀の表記を比べると、語の構造としては「勾の金の端の宮」ということになろうか。そうすると、基幹となる地名は「金」ではなかろうか。「金辺川」の意味ともよく符合する。この金辺川の流れが南から西に「曲がる」ところに勾金宮があり、そこが「金の端」であるなら、「金」の中心地は「宮原」の辺りであろうと思われる。宮原からは内行花文鏡数面が

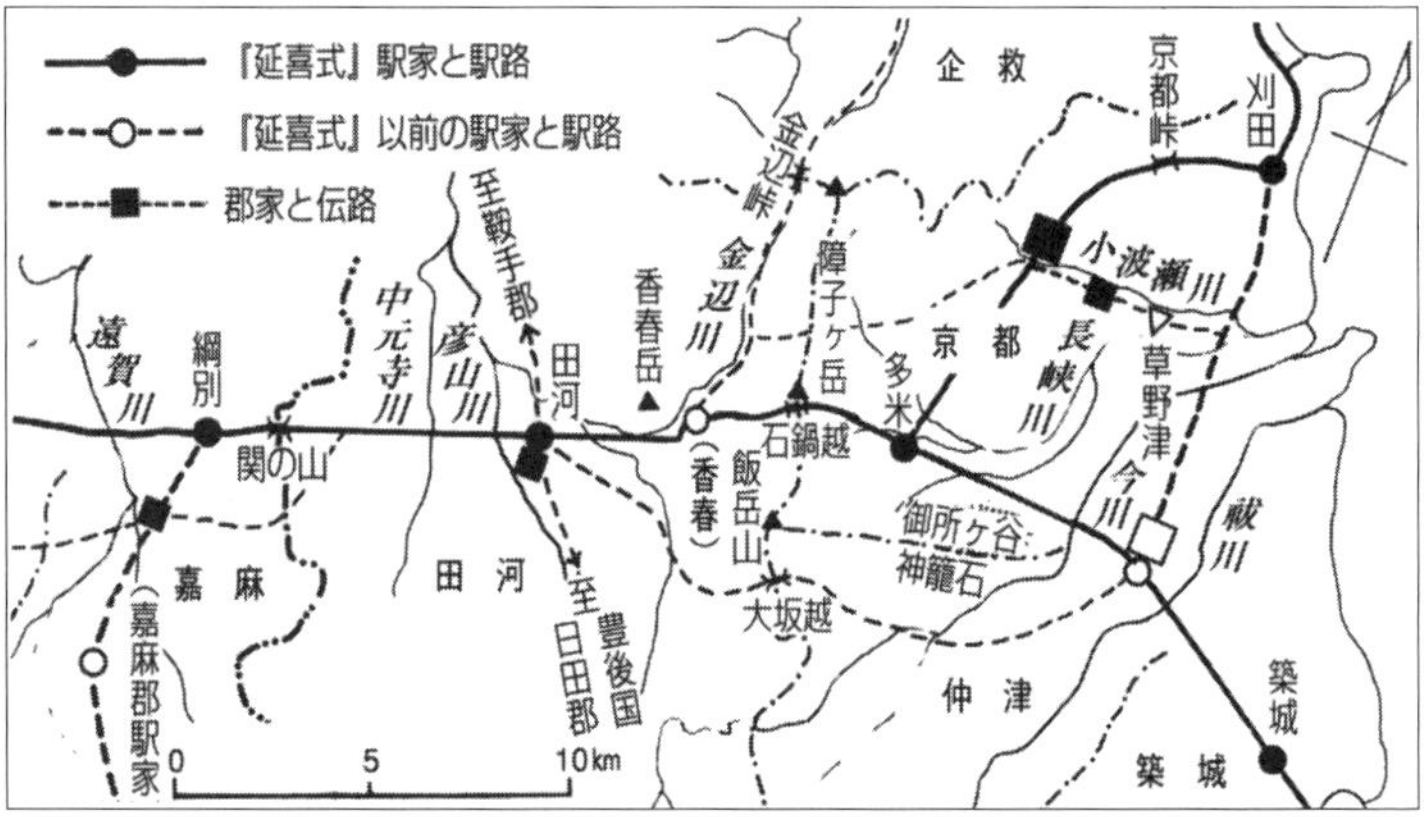

古代田川道の駅家と駅路

出土している。また、宮原橋周辺に「古宮《こみや》」の字名が幾つかあり、南に「金山」の字名もある。最近、金山谷から平安時代のものとされる溶鉱炉跡が出土したが、古事記の天の岩屋戸の条にある「天の金山の鐵」の「金山」はおそらくここであろう。先述の「勾金宮」の祭神も「金山彦命」である。その「金山」と対比すれば、宮原台地は真に「金野」の地にふさわしい。（次頁の図は香春町字図の一部、香春町教育委員会野村憲一氏作図）

以上の諸条件、①金野、②菟道（古代田河道）、③難波宮と一〇キロメートル程度の道程、を勘案すると、「金野の宇治の京」は、安閑天皇の「勾金宮」及び現在の「勾金宮」の北方、「宮原」の辺りにあったと推測される。

金山と金野

先の仁徳紀にあった、「既にして（太子菟道稚郎子）宮室を菟道《うぢ》に興てて居します。猶ほ位を大鷦鷯尊に譲りますに由りて、以て久しく皇位に即きまさず。」の記述には明らかな歴史の改竄が横たわっていたことが知られた。

風土記の「宇治」

さらに、「菟道宮」には「桐原日桁《ひげた》宮」の異称が伝わる。風土記逸文にある。

宇　治（存疑）

山城國風土記曰、謂二宇治一者、輕島豊明宮御宇天皇之子、宇治若郎子、造二桐原日桁宮一、以爲二宮室一。因二御名一號二宇治一。本名曰二許乃國一矣。（詞林采葉抄第一）

山城の國の風土記に曰はく、宇治と謂ふは、輕島の豊明の宮に御宇しめしし天皇のみ子、

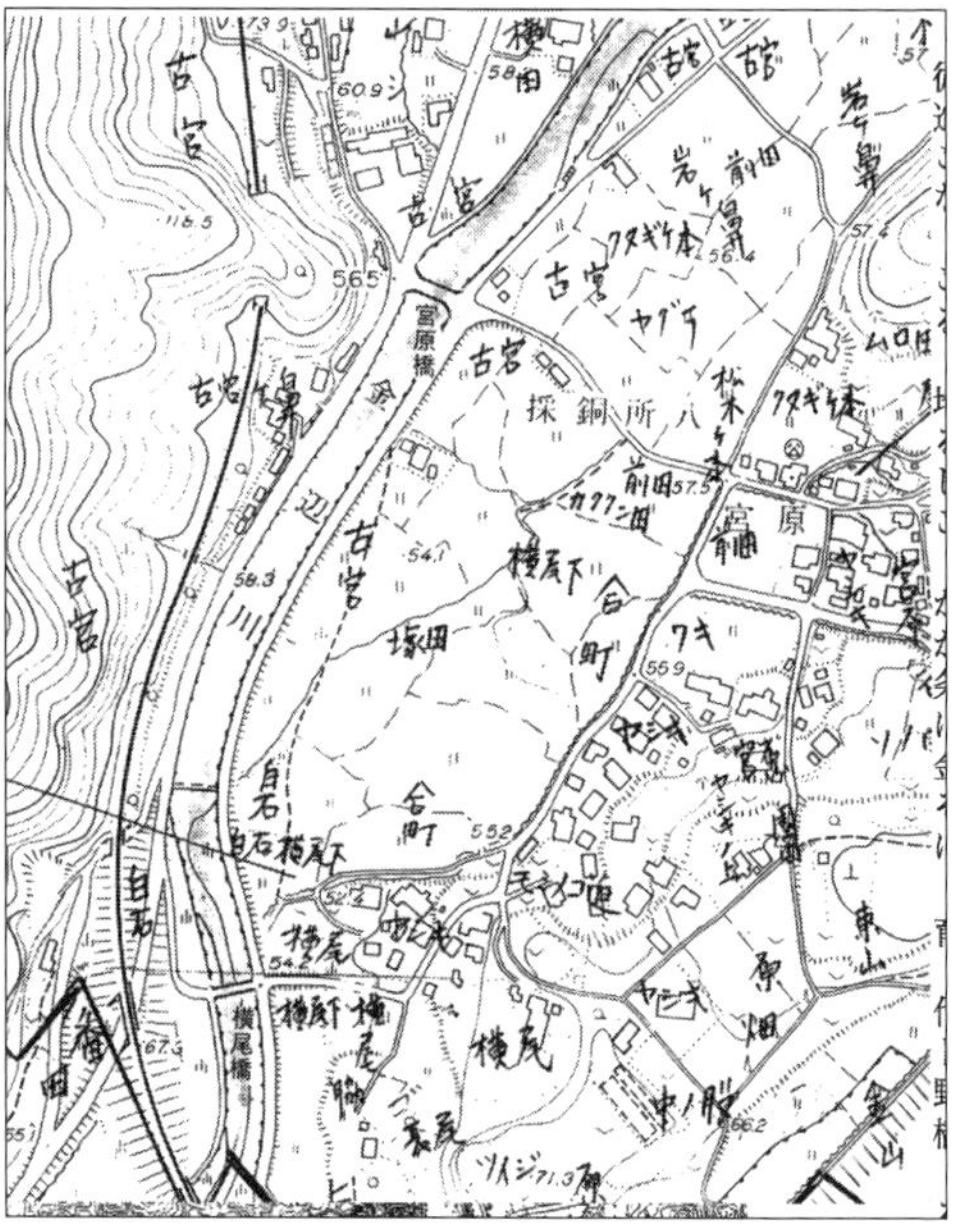

香春町古宮

宇治若郎子、桐原の日桁《ひげた》の宮を造りて、宮室と爲したまひき。御名に因って宇治と號《なづ》く。本の名は許乃國《このくに》と曰ひき。

（岩波日本古典文学大系「風土記」）

「今井似閑採択。鳥部里、伊奈利社と同様に古代の風土記とは別種の記事であろう。」との頭注があり、「桐原日桁宮」＝「菟道宮」は、京都府宇治川のほとりの宇治神社がその遺蹟地と伝えるとする。だが、これはもはや、伝承の移動でしかないと言わざるを得ない。

ただし、太子菟道稚郎子の母が、和珥臣《わにのおみ》の祖日触使主女宮主宅媛《ひふれのおみのむすめみやぬしやかひめ》であるとき、宇治天皇は母方の「日触」の地に宮室を建てられたことになろうか。桁は菟道河に架かる橋桁の意か。また、桐原の桐は天皇家の古代の御紋五七の桐を連想させ、置き換えれば、桐原は宮原と同意であろうか。

いずれにしろ、今回の万葉集七番歌の「金野の宇治の京」の解明によって、改竄された歴史事実を復元すればこうなる。

既にして、太子菟道稚郎子、宮室を菟道《うぢ》に興てて居します。以て皇位に即きます。是年、太歳○○。

宇治天皇即位の干支は後ほど考察する。

万葉集の他の「宇治」

なお、「金野」の新解釈が成立するなら、次の万葉歌も疑ってかからなければならない。

宇治河作謌二首

一六九九　巨椋乃　入江響奈理　射目人乃　伏見何田井尓　鴈渡良之

一七〇〇　金風　山吹瀬乃　響苗　天雲翔　鴈相鴨

岩波日本古典文学大系は、

宇治川にして作る歌二首

巨椋《おほくら》の入江響《とよ》むなり射目人の伏見が田井に雁渡るらし

秋風に山吹の瀬の響《な》るなべに天雲翔ける雁に逢ふかも

と訓読している。「巨椋の」の歌は、今日の京都府宇治市の近くにあった「巨椋池」を思わせるが、「響む」と「射目人」の解釈に重大な疑問が残る。

従来、「射目人の」は「伏見」の枕詞とされ、「射目は、追い出した動物を射るために、柴などで作って、射手のかくれる設備。そこに待ちかまえる人を射目人というので、伏して見るにかかる。」と解説される。だが、本来は豊国の古伝承「餅的伝説」の人を指すようだ。次は、豊後国風土記の一節である。

田野郡の西南のかたにあり。此の野は廣く大きく土地沃腴《こ》えたり。開墾《あらき》の便、此の土《ところ》に比《たぐ》ふものなし。昔者、郡内《くぬち》の百姓《おほみたから》、此の野に居りて、多く水田《こなた》を開きしに、糧に餘りて、畝に宿《とど》めき。大きに奢り、已に富みて、餅《もちひ》を作《も》ちて的《いくは》と爲しき。時に、餅、白き鳥と化《な》りて、發《た》ちて南に飛びき。當年《そのとし》の間に、百姓死に絶えて、水田を造らず、遂に荒れ廢《は》てたりき。時《それ》より以降《このかた》、水田に宜しからず。今、田野といふ、斯《これ》其の縁《ことのもと》なり。（原漢文）

殊に、傍線部「食い分に余る稲は稲穂のまま田の畝に捨てておいて取り入れもしなかった」ほどの「豊」秋津島倭国の稔りから生じた伝承であることが知られる。そもそも、豊国の起源にも餅が関わる。

豊後の國は、本、豊前の國と合せて一つの國たりき。昔者、纏向の日代の宮に御宇しめしし大足彦の天皇、豊國直等が祖、菟名手に詔したまひて、豊國を治めしめたまひしに、豊前の國仲津の郡の中臣の村に往き到りき。時に、日晩れて僑宿《やど》りき。明くる日の昧爽《あかとき》に、忽ちに白き鳥あり、北より飛び來たりて、此の村に翔り集ひき。菟名手、即《やが》て僕者に勒《おほ》せて、其の鳥を看しむるに、鳥、餅と化爲り、片時が間に、更、芋草《いも》數千許株《いくちも》と化り。花と葉と、冬も榮えき。菟名手、見て異しと爲ひ、歡喜びて云ひしく、「化生りし芋は、未だ曾て見しことあらず。實に至徳の感、乾坤の瑞なり」といひて、既にして朝庭に参上りて、状を擧げて奏聞しき。天皇、ここに歓喜び有して、即ち、菟名手に勅りたまひしく、「天の瑞物、地の豊草なり。汝が治むる國は、豊國と謂ふべし」とのりたまひ、重ねて姓を賜ひて、豊國直といふ。因りて豊國といふ。後、両つの國に分ちて、豊後の國を名と爲せり。

（原漢文）

豊前国仲津郡中臣村において、白鳥が飛来し、餅と化し、更に芋草数千株と化したことから、景行天皇が「豊国」と名づけたもうたとある。このうち、豊前国仲津郡中臣村は中臣（藤原）鎌足の出身地との伝承が伝わり、あるサイトによれば、「《花葉は冬でも栄えた》というのは、強い北風が吹く冬の方がタタラ製鉄には適していたからこそ花葉―溶けた鉄―は冬に栄えたのにちがいなく、また、「地の神から授かった地の豊草である」という大足彦天皇のことばも、「草」とあることから、金属を表しているのは間違いないところだろう。千種鋼（ちくさこう）、金草＝金糞の転訛か？など草と鉄とは由縁が深い。また、若尾五雄によるとウラジロという植物は鉱石のあるところによく生えるから、金草（カネクサ）というのだそうだ。」という説明がなされ、同様の説も少なからずある。これが、次の「金凮」の歌に深く関わる。

その時、「響む」の原義が俄かに回復される。新潮国語辞典から抄録する。

《とよむ【響む・動む】㊀鳴り響く。とどろき渡る。「雷（いかづち）のしばし―みて降らずとも（万一一・二五一四）」㊁大声をあげて騒ぐ。「宮人―む（登余牟）（記上）」
にぎわう【賑わう】にぎはふ　㊀豊かに繁栄する。「令能二豊稔（―ひて）一（最勝王経平安初期点）。煙立つ民の竈は―ひにけり（新古今・賀）」㊁にぎやかになる。「里も―ひけり（宇治拾遺二五）」》

『最勝王経』の「豊稔　ニギハフ」の訓がまことに興味深い。「とよむ」があるいは「豊む」の意ではないかと類推されるからだ。事実、「響む」の前には、「とよあきつしま【豊秋津洲】」、「とよあしはら【豊葦原】」、「とよさかのぼる【豊栄登る】」、「とよはたぐも【豊旗雲】」、「とよほぎ【豊寿】」などの語が並ぶが、全て、「豊」は美称と片付けられる。だが、この「豊」こそ実辞であり、「豊国」の「豊」を指すと、私はしてきた。神代の「豊葦原中洲」は古遠賀湾沿岸の国とし、「豊秋津島倭国」は神武朝二代の手研耳命大王の名づけられた「国号」であるとし、同じく豊国を指すとした。そうであれば、「とよむ」は「豊む・響む」であり、「鳴り響く、豊かに繁栄する、にぎやかになる」の意である。

（特に、「煙立つ民の竈はにぎはひにけり（新古今・賀）」の用例は、後半において、特別の意味を有する。）

「金風」の歌もやはり現香春町の「金野」に関係する。岩波本の頭注は、「金風」を「秋風」

と訓む注を記した後に、「山吹の瀬―地名か。所在未詳。初二句古来難訓。諸訓がある。」と記している。だが、「金野乃」の歌と同様に、「金風」も「金の風」と訓み、「金野を吹く風」の意かも知れない。次に「山吹」は広辞苑でも、「やまぶき【山吹・款冬】④昔の鉱山で採取した鉱石を溶かして金・銀・銅などを分離すること。」との意が確かにある。「山吹色」は勿論「金の色」である。「豊国」の起源説話の金属精錬解釈とも一致する。したがって、歌は、

金の風山吹の瀬の響《とよ》むなへに天雲翔ける雁に逢ふかも

と訓読し、大意も、「金野を吹く風と山吹色の金属の光る瀬附近の精錬の音とが鳴り響き、金野の地が豊かに繁栄するにつれて、天雲を翔る冬の雁に遭ったことだ。」となろう。香春三ノ岳の北「採銅所」の辺りは神代の昔から銅鏡を作るための赤銅が産出し、三ノ岳からは現代も自然金が産出し、二ノ岳・一ノ岳の麓からは今なお磁鉄鉱が産出する。「金野の宇治京」にはこれだけの古典と物的証拠が集約される。

鴈の卵

また、「天雲翔ける雁に逢ふかも」は、原文「天雲翔　鴈相鴨」であるが、「鴈」字に注目すると、仁徳記・仁徳紀中の「鴈の卵」記事を連想させる。

仁徳記を引くと、

また一時、天皇豊楽したまはむと為て、日女嶋に幸行でましし時に、其の嶋に鴈卵を生む。爾《しか》して建内宿祢命を召し、歌を以ち、鴈の卵を生める状を問ひたまふ。其の歌に曰く、

たまきはる　内のあそ　汝こそは　世の長人　そらみつ　倭の国に　鴈卵産むと聞くや

是に建内宿祢、歌を以ち語りて白さく、

高光る　日の御子　諾しこそ　問ひたまへ　まこそに　問ひたまへ　我こそは　世の長人　そらみつ　倭の国に　鴈卵産むと　いまだ聞かず

かく白して、御琴を給はり、歌ひ曰く、

汝が御子や　つびに知らむと　鴈は卵産むらし

此は本岐歌の片歌なり。

この記事の「日女嶋」は国東半島の北に位置する「姫島」と考えて差し支えない。雁が倭国で卵を産む可能性はほとんどない。それがあって、最後に「寿歌の片歌なり」と結ばれている。この記事との関連があるなら、「天雲翔ける雁」はその卵から孵った雁であり、倭国の繁栄を寿ぐ鳥と位置づけられよう。この記事も、あるいは、宇治天皇の故事かも知れないが、保留する。

五、應神紀の太子と應神記の太子

應神紀の太子

「宇治天皇」と「宇治の京」を追究する過程で、菟道稚郎子の立太子に関して、應神紀と應神記の双方に大きな矛盾があり、その裏に重大な歴史事実が隠されていることを終に見出した。先ずは應神紀の太子記事を並べてみる。

①十五年の秋八月の壬戌の朔丁卯に、百濟の王、阿直伎を遣はし、良馬二匹を貢る。即ち輕の坂上の廐に養はしむ。因りて阿直岐を以て掌り飼はしむ。故、其の馬を養ひし處を號けて、廐坂と曰ふなり。阿直岐、亦能く經典を讀めり。即ち太子菟道稚郎子、師としたまふ。是に、天皇阿直岐に問ひて曰く、「如し汝に勝れる博士、亦有りや」とのたまふ。對へて曰く、「王仁といふ者有り。是秀れたり」とまうす。時に上毛野君の祖荒田別・巫別を百濟に遣はして、仍りて王仁を徵さしむ。其れ阿直岐は、阿直岐史の始祖なり。

②十六年の春二月に、王仁來る。則ち太子菟道稚郎子、師としたまふ。諸典籍を王仁に習

ひたまふ。通達せざるは莫し。所謂王仁は、是書首《ふみのおびと》等の始祖なり。

③二十八年の秋九月に、高麗の王、使を遣して朝貢す。因りて表上れり。其の表に曰く、「高麗の王、日本國に教ふ」といふ。時に太子菟道稚郎子、其の表を讀みて、怒りて、高麗の使を責むるに、表の状の禮無きことを以てして、則ち其の表を破る。

④卌年の春正月の辛丑の朔戊申に、天皇、大山守命・大鷦鷯尊を召して、問ひて曰く、「汝等は子を愛するか」とのたまふ。對へて言はく、「甚だ愛するなり」。亦問ひたまはく、「長と少とは孰か尤《いとうつく》しき」とのたまふ。大山守命、對へて言はく、「長子に逮《し》かず」とまうしたまふ。是に、天皇、悦びたまはぬ色有り。時に大鷦鷯尊、預め天皇の色を察し、以て對へて言はく、「長は多に寒暑を經て、既に成人と爲りたり。更に悒《いきどほり》無し。唯少子は、未だ其の成不を知らず。是を以て、少子は甚だ憐れむ」とまうしたまふ。天皇、大きに悦びたまひて曰く、「汝が言、寔に朕が心に合へり」とのたまふ。是の時に、天皇常に菟道稚郎子を立てて、太子と爲たまはむ情有り。然るを二の皇子の意を知りたまはむと欲す。故、是の問を發したまへり。是を以て、大山守命の對言を悦びたまはず。甲子に、菟道稚郎子を立てて嗣と爲たまふ。即日に、大山守命に任じて、山川林野を掌らしめたまふ。大鷦鷯尊を以て、太子の輔として、國事を知らしめたまふ。

内容から考えれば、明らかに④①②③の順であるべきであり、事実、古事記では、④に相当する記事が應神記の冒頭部の方にある。だが、「太子」の称号は用いられず、割注として「天皇是の問を發したまひし所以は、宇遲能和紀郎子に天の下治らさしめむ心有りつればなり。」が有り、詔の結びに「宇遲能和紀郎子は天津日嗣繼を知らしめせ。」とある。

應神記の太子

古事記應神記においても事実上、宇遲能和紀郎子（＝菟道稚郎子）は「太子」であるのに、頑として宇遲能和紀郎子に「太子」の称号を用いない。代わって、應神記において「太子」の称号が現れるのは、應神天皇が「髮長比賣」を「太子大雀命（＝大鷦鷯尊）」に賜う場面の所だけである。

天皇、日向國の諸縣君の女、名は髮長比賣、其の顏容麗美しと聞し看して、使ひたまはむとして喚上げたまひし時、其の太子大雀命、其の孃子の難波津に泊てたるを見て、其の姿容の端正しきに感じて、即ち建内宿禰大臣に誂へて告りたまひけらく、「是の日向より喚上げたまひし髮長比賣は、天皇の大御所に請ひ白して、吾に賜はしめよ。」とのりたまひき。爾に建内宿禰大臣、大命を請へば、天皇即ち髮長比賣を其の御子に賜ひき。賜ひし状は、天皇豊明聞し看しし日に、髮長比賣に大御酒の柏を握らしめて、其の太子に賜ひき。（中略）故、其の孃子を賜はりて後、太子歌ひて曰はく、（後略）。

應神記中、この三箇所にのみ「太子」の称号が使われていて、すべて「大雀命」を指している。必然的に、日本書紀應神紀中の①②の記事と同様の記事が古事記應神記にあるが、「太子菟道稚郎子が阿直岐や王仁を師とした」記録がない。明らかに消されている。

應神紀の皇子大鷦鷯尊

應神天皇が「髪長媛」を「大鷦鷯尊」に賜う記事が、日本書紀應神紀にもある。

Ⓧ十三年の春三月に、天皇、専使を遣はして、以て髪長媛を徴さしむ。秋九月の中に、髪長媛、日向より至れり。便ち桑津邑に安置らしむ。爰に皇子大鷦鷯尊、髪長媛を見るに及びて、其の形の美麗に感でて、常に戀ぶ情有り。是に、天皇、大鷦鷯尊の髪長媛に感づるを知しめして配せむと欲す。是を以て、天皇、後宮に宴きこしめす日に、始めて髪長媛を喚して、因りて以て宴の席に坐らしむ。時に大鷦鷯尊を撝して、以て髪長媛を指したまひて、乃ち歌ひて曰はく、

いざ吾君　野に蒜摘みに　蒜摘みに　我が行く道に　香ぐはし　花橘　下枝らは　人皆取り　上枝は　鳥居枯らし　三栗の　中枝の　ふほごもり　赤れる孃子　いざさかばえな

是に、大鷦鷯尊、御歌を蒙りて、便ち髪長媛を賜ふこと得ることを知りて、大きに悦びて、

報歌たてまつりて曰はく、

水渟る　依網池に　蓴繰り　延へけく知らに　堰杙築く　川俣江の　菱茎の　さしけく知らに　吾が心し　いや愚にして

Ⓨ大鷦鷯尊　髪長媛と既に得交《まぐはひ》すること慇懃なり。獨り髪長媛に對ひて歌ひて曰はく、

道の後　古波儴孃女を　神の如　聞えしかど　相枕枕く

又歌ひて曰はく、

道の後　古波儴孃女　争はず　寢しくをしぞ　愛しみ思ふ

應神紀では右のように「皇子大鷦鷯尊」となっていて、「太子菟道稚郎子」とは大義名分を厳然と画している。

つまり、記事の時系列は古事記の方が至極順当であり、「太子」「皇子」の別は日本書紀の方が厳密で首尾一貫しているのである。

應神天皇は髪長媛を誰に賜ったか

しばらく、古事記の時系列に従って、日本書紀應神紀の右の記事を整理し直してみる。

④應神天皇、菟道稚郎子を太子に立て、大鷦鷯尊を太子の輔佐とする。

ⓍⓎ應神天皇、髪長媛を皇子大鷦鷯尊に賜う。

①太子菟道稚郎子、百済の阿直岐を師とする。
②太子菟道稚郎子、百濟の王仁を師とし、諸典籍を王仁に習う。
③太子菟道稚郎子、高麗の表の無礼を怒り、その表を破り捨てる。

右のようにまとめ直すと、菟道稚郎子がいかに應神天皇に愛され、太子としていかに活躍したかが知られる。この時、ⓍⓎの髪長媛関係の記事がはなはだ不自然で怪しい。逆に、古事記ではこの部分にのみ「太子大雀命」が出現したし、他の記事でも大雀命が活躍し、宇遅能和紀郎子は脇に回される。特に、古事記の、日本書紀①②の記事に相当する部分では、太子の称号も菟道稚郎子の名も事跡もすべて消されていて、日本書紀③の記事は相当する記事自体さえ古事記にはない始末である。

以上のように考察すれば、右の記事群において、記紀の改竄は、ある一点に集中していたことが自ずと分かる。

「應神天皇、髪長媛を太子菟道稚郎子に賜う。」という一点である。

推測するに、髪長媛は、初め、太子菟道稚郎子の妃に迎えられた可能性が高い。その絶世の美女に皇子大鷦鷯尊が横恋慕し、太子菟道稚郎子を嫉妬した。やがて、太子は即位して宇治天皇となり、髪長媛は皇后となる。三年後に宇治天皇は崩御し、髪長媛は不本意ながら大鷦鷯天皇の妃となったようだ。

仁徳紀に曰う。

二年の春三月の辛未の朔戊寅に、磐之媛命を立てて皇后と爲。皇后、大兄去來穗別天皇・住吉仲皇子・瑞齒別天皇・雄朝津間稚子宿禰天皇を生れませり。又妃日向髮長媛、大草香皇子・幡梭皇女を生めり。

あれほど望んで、父應神天皇から賜った髮長媛が、大鷦鷯の即位後に皇后ではなく、「又の妃」の位に置かれたのが不審である。

また、太子菟道稚郎子がいかに應神天皇に愛され、髮長媛まで賜ったかの理由が、應神記に大書されているようだ。

故木幡村に到り坐す時に、麗美しき孃子《をとめ》、其の道衢《ちまた》に遇へり。尓《しか》して天皇、其の孃子を問ひて曰りたまはく、「汝は誰が子ぞ」とのりたまふ。答へて白さく、「丸迩《わに》之比布礼能意富美が女《むすめ》、名は宮主矢河枝比売」とまをす。天皇其の孃子に詔りたまはく、「吾明日還り幸でまさむ時、汝が家に入り坐さむ」とのりたまふ。故矢河枝比売、委曲《つぶさ》に其の父に語る。是に父答へて曰く、「是は天皇に坐すなり。恐《かしこ》し、我が子仕へ奉れ」と云ひて、其の家を厳餝《かざ》り、候ひ侍てば、明日入り坐しき。故、大御《おほみ》饗《あへ》を献る時に、其の女矢河枝比売命に大御酒盞を取らしめて献る。是に天皇、其の大御酒盞を取らしめしまにまに、御歌に曰りた

まはく、

この蟹や　何処の蟹　百伝ふ　角鹿の蟹　横さらふ　何処に到る　伊知遅島　美島に着き　鳰鳥の　潜き息づき　しなだゆふ　佐佐那美道を　すくすくと　我が行ませばや　木幡の道に　遇はしし嬢子　後方は　小楯ろかも　歯並みは　椎菱なす　櫟井《いちひゐ》の　丸迩《わに》坂《さ》の土《に》を　初土《はつに》は　膚赤らけみ　底土《しはに》は　丹黒き故　三つ栗の　その中つ土を　頭突《かぶ》く真火には当てず　眉画き　濃に書き垂れ　遇はしし女　かもがと　我が見し児ら　かくもがと　我が見し児に　うたたけだに　向かひ居るかも　い副ひ居るかも

此く御合して、生みませる御子、宇遅能和紀郎子なり。

母の宮主矢河枝比売（宮主宅媛）への寵愛がそのまま菟道稚郎子への寵愛へと繋がったようだ。應神記ではこの直後に、あの「髪長比売」の記事が続く。宮主矢河枝比売が應神に出遇ったのが「木幡村」。山城国風土記逸文に云う、「御名に因って宇治と號《なづ》く。本の名は許乃國《このくに》と曰ひき。」の「許乃國」の「端」あるいは「傍」の村の地、すなわち「宇治」の地である。

以上の推理が、三山歌の真意にようやく辿り着く。

六、三山歌の真意―妻争い

三山歌は替歌

中大兄近江宮御宇天皇三山歌

高山波　雲根火雄男志等　耳梨與　相諍競伎　神代従　如此尓有良之　古昔母　然尓有許曽　虚蟬毛　嬬乎　相挌良思吉　（万一三）

（高山は　畝火を愛しと　耳梨と　相争ひき　神代より　此くにあるらし　古も　然にあれこそ　虚蟬も　嬬を争ふらしき）

高山（男）は畝傍山（女）を愛しいと思い、耳梨山（男）と争った。神代からこうであるらしい。昔もそのようであるからこそ、現世の人の世でも（他人の）妻を争うらしい。

先に、妻争いに絞って解釈したが、初句「高山」は元はやはり「香山」と書かれ、「カグヤマ」であっただろう。そうして、通説どおり、「雄男志」の表記に従えば、「香山（女）」と「耳梨（女）」が「畝火（男）」を争った歌であったようだ。元は「夫（つま）争い」の歌と解釈して差し支えない。

これを「香山」を「高山」に、「夫」を「嬬」に替えたのではないかと思われる。これまで縷々述べてきたように、「高山」は難波高津宮の地にあり、大鷦鷯尊を暗示する。「耳梨」は、「金野の宇治京」が香春町の宮原の辺りであるなら、耳梨山すなわち香春岳二ノ岳の直近にあり、「菟道稚郎子」を暗示させる。そして、「畝火(嬬)」は「髪長媛」を暗示することになる。(万葉集一三番歌の高山はタカヤマと読むべきで、古事記の高山は万葉集の誤読と関係するからカグヤマと読むべきであろう。)

しかも、神代の神話をモチーフとするから、庶民の妻争いなどではない。貴人の妻争いであろう。万葉集では、亡くなられた天皇を「神」と表現することが多いから、あるいは天皇の妻争いであり、應神紀・仁徳紀の髪長媛に関する記事の内実が、

昭和十年の金辺川から見た香春岳（右が一ノ岳）

その背景として考えられていたのではないだろうか。

《高山（大鷦鷯天皇）は畝傍山（髪長媛）を愛しいと思い、耳梨山（菟道天皇）と争った。神代からこうであるらしい。昔もそのようであるからこそ、現世の人の世でも（他人の）妻を争うらしい。》

皇子大鷦鷯尊の好色の歌

右の解釈が成立するなら、應神紀の歌謡の一部がようやく解決する。前章の「ⓍⓎ應神天皇、髪長媛を皇子大鷦鷯尊に賜う。」の一節である。
先ずⓍの部分は「皇子大鷦鷯尊」を「太子菟道稚郎子」に復することで、古事記の時系列どおりに置いておくことができる。
問題はⓎの部分の歌謡にある。解釈を付けて並べてみよう。
《道の後　古波儴孃女を　神の如　聞えしかど　相枕枕く
（遠い国の古波儴孃女は恐ろしいほど美しいと噂が高かったが、今は私と枕をかわす仲になった。）
道の後　古波儴孃女　争はず　寝しくをしぞ　愛しみ思ふ
（遠い国の古波儴孃女が、逆らわずに一緒に寝てくれたことをすばらしいと思う。）》
Ⓧの部分において、原表記どおりなら、皇子大鷦鷯尊は髪長媛の美しさを見たわけだから、

Ⓨの部分の一首目で「恐ろしいほど美しいと噂が高かった」と歌うのは不可解であり、矛盾する。これはやはり、Ⓧの部分において、髪長媛の美しさを見た人物が、実は太子菟道稚郎子であったことが知られよう。皇子大鷦鷯尊は太子菟道稚郎子の死後、初めて、髪長媛の美しさを見たことになる。したがって、Ⓨの部分の歌い手は本当に大鷦鷯尊ということになる。

二首目の「逆らわずに一緒に寝てくれた」はいよいよ不可解である。これこそ「妻争い」の結果、強引に得た女性の、その抵抗がなかったことを喜んだ歌に他ならない。

また、歌中の「古波儾嬢女（こはだをとめ）」は今日まで意味不明であったが、多分、「こはだ」は先に提出した「木幡（村）」の地の女性という意味であろう。この「木幡（＝許の国）」に「宇治の京」があったことを考えれば、間違いなく、髪長媛は宇治天皇すなわち太子菟道稚郎子の后であったことが証明されているのである。

こうして、髪長媛は心ならずも、大鷦鷯天皇の又妃となられたのである。

これらの推理に立てば、Ⓨの部分の記事は、本来、仁徳紀の大鷦鷯尊即位後に置かれてあったもののようである。記紀は、大鷦鷯を正統の皇位継承者とするために、Ⓧの部分の「太子菟道稚郎子」記事を「皇子大鷦鷯」記事に換骨奪胎し、そこに本来、宇治天皇崩御後の出来事であるⓎの部分を強引に継ぎ足し、大鷦鷯の「妻争い」の暴挙をなかったことにしたもののようだ。

三山歌は、神話に基づきながらも、巧みに大鷦鷯の「妻争い」の史実を織り込んだ、優れた「替え歌」であったようだ。詠み人が題詞のとおりに中大兄であれば、天智天皇もまた倭国

（豊国）の神話と歴史をよく知る帝であり、帝自身、豊君であったと考えられる。倭三山歌は諸々の点から考えて、固より、今日の奈良県で詠まれた歌では決してなかったのである。

七、聖帝伝説の疑義①　大山守皇子の反逆

大山守皇子の反逆

これまでに、「宇治天皇」の在位と「金野の宇治京」の所在地を追究し、大鷦鷯天皇、いわゆる仁徳天皇の「妻争い」の史実を暴いてきた。その仁徳紀・仁徳記に、古代史における最も著名な「聖帝伝説」がある。だが、「妻争い」と同様に、「聖帝伝説」にもどうやら隠された史実があるようだ。

そもそも、仁徳紀は即位前紀から始まるが、最初が太子菟道稚郎子の帝位の辞退、次いで大山守皇子の反逆、再び皇位の譲り合い、太子菟道稚郎子の自殺と、異常事態が連続する。太子菟道稚郎子が皇子大鷦鷯と帝位を譲り合ったという記事は最早、大鷦鷯を正統の皇位継承者に仕立て上げようとする、記紀の改竄に拠るものであることが知られた。そこで、太子菟道稚郎子の自殺までの記事を並べ、大山守皇子の反逆記事にも改竄の跡がないかを点検したい。

（大山守皇子の同母兄である額田大中彦皇子が、倭の屯田を領しようとして、「是の屯田は、本より山守の地なり」と主張した。これに抗して、大鷦鷯尊が垂仁天皇の「凡そ倭の屯田は、毎に御宇す帝皇の屯田なり。其れ帝皇の子と雖も、御宇すに非ずは、掌ること得じ」との勅旨を引き、額田大中彦皇子を退けた。）

①然して後に、大山守皇子、毎に先帝の廢てて立てたまはざることを恨みて、重ねて是の怨み有り。則ち謀して曰く、「我、太子を殺して、遂に帝位に登らむ」といふ。爰に、大鷦鷯尊、預め其の謀を聞きて、密かに太子に告げて、兵を備へて守らしむ。時に太子、兵を設けて待つ。大山守皇子、其の兵を備へたることを知らずして、獨り數百の兵士を領ゐて、夜半に、發ちて行く。會明に、菟道に詣りて、將に河を度らむとす。時に太子、布袍を服たまひて、櫓を取りて、密かに度子《わたしもり》に接《まじ》りて、以て大山守皇子を載せて濟したまふ。河中に至りて、度子に誂へて、船を蹈みて傾《くつがへ》す。是に、大山守皇子、河に墮ちて沒みぬ。更に浮き流れつ、歌ひて曰はく、

ちはや人　菟道の渡に　棹取りに　速けむ人し　我が對手《もこ》に来む

然るに伏兵多に起こりて、岸に著くことを得ず。遂に沈みて死せり。其の屍を求めしむるに、考羅《かわら》の濟に泛べり。時に太子、其の屍を視て、歌ひて曰はく、

ちはや人　菟道の渡に　渡手に　立てる　梓弓檀《まゆみ》　い伐らむと心は思へど　い取らむと

心は思へど　本邊は　君を思ひ出　末邊は　妹を思ひ出　悲《いらな》けく　そこに思ひ　愛しけく　ここに思ひ　い伐らずそ来る　梓弓檀

乃ち那羅山に葬る。

②既にして宮室を菟道に興てて居します。

③猶ほ位を大鷦鷯尊に譲りますに由りて、以て久しく皇位に即きまさず。爰に皇位空しくして、既に三載を經ぬ。時に海人有り。鮮魚の苞苴《おほにへ》を齎ちて、菟道宮に獻る。太子海人に令して曰はく、「我天皇に非ず。」と。乃ち之を返して難波に進《たてまつ》らしめたまふ。大鷦鷯尊も亦返して、以て菟道に獻らしめたまふ。是に、海人の苞苴、往還に鯘《あざ》れぬ。更に返りて他の鮮魚を取りて獻る。譲りたまふこと前日の如し。鮮魚亦鯘れぬ。海人、屢《しばしば》還るに苦しみて、乃ち鮮魚を棄てて哭く。故、諺に曰はく、「海人なれや、己が物に因りて泣く。」と。其れ是の縁なり。

④太子曰はく、「我、兄王の志を奪ふべからざるを知れり。豈に久しく生きて、天下を煩はさむや」とのたまひて、乃ち自ら死にたまひぬ。時に大鷦鷯尊、太子薨じたまひぬと聞こして、以て驚きて、難波より馳せて、菟道宮に到ります。爰に太子薨じまして三日を經たり。時に大鷦鷯尊、摽擗《みむねう》ち叫《おら》び哭きたまひて、所如《せむすべ》知らず。乃ち髮を解き屍に跨りて、三たび呼びて曰はく、「我が弟の皇子」とのたまふ。乃ち應時にして活きたまひぬ。自ら起きて居します。爰に大鷦鷯尊、太子に語りて曰はく、「悲しきかも、惜しきかも。何の所

以にか自ら逝きます。若し死にぬる者、知有らば、先帝、我を何謂《いかがおもほ》さむや」とのたまふ。乃ち太子、兄王に啓して曰したまはく、「天命なり。誰か能く留めむ。若し天皇の御所《おほみもと》に向《まうでいた》ること有らば、具さに兄王の聖にして、且《しばしば》譲りますこと有しませることを奏さむ。然るに聖王、我死にたりと聞こしめして、遠路を急ぎ馳《い》でませり。豈に勞ひたてまつること無きこと得むや」とまうしたまひて、乃ち同母妹八田皇女を進りて曰はく、「納采《あと》ふるに足らずと雖も、僅かに掖庭の數に充てたまへ」とのたまふ。乃ち且《また》棺に伏して薨じましぬ。是に、大鷦鷯尊、素服たてまつりて、發哀《かなし》びたまひて、哭したまふこと甚だ慟《す》ぎたり。仍りて菟道の山の上に葬りまつる。

①の文章における大山守皇子の反逆には、およそ大義名分がない。應神紀で既に「甲子に、菟道稚郎子を立てて嗣と爲たまふ。即日に、大山守命に任じて、山川林野を掌らしめたまふ。大鷦鷯尊を以て、太子の輔として、國事を知らしめたまふ。」とある限り、應神帝の命のとおり、大山守皇子は山川林野を掌っていて、①の前段の「倭の屯田が、本より山守の地なり」が事実なら、言いがかりをつけたのは、むしろ、大鷦鷯尊の側である。大鷦鷯尊が大山守皇子を殺したであろうことが、おそらく歴史事実と見てよいだろう。

だが、②の一文に現れているように、太子菟道稚郎子が即位して、宇治天皇となって三年在位したことも歴史事実であるなら、先ず、③の記事が捏造であろう。すでに、難波宮と宇治京の距離を推測するのに有利な材料ではあったが、海人の逸話も当時の諺から拵えた話のようである。

④に至っては、荒唐無稽の造作と断ぜざるを得ない。その内容自体が、却って、大鷦鷯尊が宇治天皇を死に追い遣った感を強める。あるいは、事実は暗殺であったろうか。④の文章中に現れていそうな事実は「我、兄王の志を奪ふべからざるを知れり。豈に久しく生きて、天下を煩はさむや」の一節であろう。大鷦鷯尊こそが「志」、即ち「皇位簒奪の野望」を抱き、「天下を煩わした」のではないか。およそ、歴史事実のすり替えである。

次に、宇治天皇を自死？に至らしめた大鷦鷯尊にとって、皇位継承の邪魔者となるのが、①の大山守皇子の存在に他ならない。

ここに、皇位継承の戦が起きてもおかしくない。そのように考えられるとき、①の章段において、太子菟道稚郎子が自ら手を下して、大山守皇子を殺害する理由がないことに気づかされる。そもそも、太子菟道稚郎子は異母兄の大鷦鷯尊にさえ皇位を譲ろうとしたと描かれた人物であり、皇位継承を争うような皇子ではない。したがって、大山守皇子の反逆は、日本書紀の随所、例えば手研耳命の反逆や忍熊王の反逆等、に見られる大義名分の逆転した記述の一であろう。これは、言わば「大鷦鷯尊の反逆」であり、大山守皇子の船を転覆させたのも、太子菟道稚郎子ではなく、皇子大鷦鷯尊であろうと推測される。

大鷦鷯尊の反逆

その観点で時系列を復元すれば、①の章段、実は「大鷦鷯尊の反逆」は④の章段「宇治天皇の崩御」の後に起きた事変と考えられる。

「大鷦鷯尊の反逆」こそ歴史事実であるとするとき、その戦場が明らかになる。「菟道河」の事変であり、大山守皇子の屍は、「考羅（かわら）の濟」に浮かんだのである。この「考羅（かわら）」が今日の「香春」を指すことは言うまでもない。古事記應神記にも同様の記事がある。

是に河の邊に伏せ隱せし兵、彼廂此廂《そなたこなた》、一時共《もろとも》に興りて、矢刺して流しき。故、訶和羅《かわら》の前《さき》に到りて沈み入りき。訶和羅の三字は音を以ゐよ。故、鉤を以ちて其の沈みし處を探れば、其の衣の中の甲に繫かりて、訶和羅と鳴りき。故、其地を號けて訶和羅前と謂ふ。

音仮名で「訶和羅」と表記されている。いずれにしろ、宇治河に攻め入ったのは、地理上、大鷦鷯尊のはずである。

また、④の章段中、「同母妹八田皇女を進り」は、仁徳三十二年正月条以下の、八田皇女を妃や皇后に立てようとする記事の伏線にしている。

宇治天皇の挽歌

なお、宇治天皇の死に関わる挽歌が万葉集に残されている。

宇治若郎子の宮所の歌一首

一七九五　妹らがり今木の嶺に茂り立つ妻松の木は古人見けむ

（妹の所に今来た）今木（今来）の嶺に茂り立つ妻を待つという松の木は、故人も見たであろう。

「妹らがり」は「今来」の枕詞。多くの注釈書は、「『今木』は所在地未詳。『古人』は、宇治若郎子（＝菟道稚郎子）を指すのであろう。」とする。

菟道稚郎子が「菟道の山の上に葬りまつられた」ときの挽歌であるなら、右の歌の詠み人は皇后髪長媛であろうか。この歌が、柿本朝臣人麻呂の歌集に出ているのもたいそう興味深い。万葉集よりも古い歌なのである。「今木の嶺」は香春の地にもすぐには見出せないが、鏡山の地に、「伽羅松《がらんまつ》」の伝承がある。『香春町史』から引用する。

「鏡山村誌」によると、「里諺に伽羅松という。村の西南道の上に古松あり。その周囲一丈五尺実に風雅な松なりとある。古きより、寺の跡（伽羅）ともいい御陵ともいう。境内に幸神あり」と記されている。
（傍線は福永）

今のところ、最有力の候補地である。だが、ここに古墳が見当たらない。その時、菟道稚郎子の陵墓について、岩波大系本は頭注に次を引いている。

伽羅松（昭和54年、現在地に移動）

続後紀、承和七年五月六日条の藤原吉野の奏言に「昔宇治稚彦皇子者、我朝之賢明也。此皇子遺教、自使レ散レ骨、後世効レ之」とある。

つまり、散骨の風が菟道稚郎子に始まるとしてある。宇治天皇は崩御に際しても、人民を自らの陵墓造りには駆り出さなかったのであろうか。

八、聖帝伝説の疑義② 三年の課役免除

仁徳記の聖帝伝説

宇治天皇の三年在位がいよいよ歴史事実である可能性が高まると、仁徳記・仁徳紀中の余りにも有名な「聖帝伝説」が、実は大鷦鷯天皇の業績ではないという疑いが強まる。延いては、大鷦鷯天皇は仁徳天皇ではないという結論が予測される。仁徳記・仁徳紀の聖帝伝説を検討する。

［仁徳記］

是に天皇、高山《かぐやま》に登りて、四方の國を見たまひて詔りたまひしく、「國の中に烟發たず。國皆貧窮す。故、今より三年に至るまで、悉に人民の課役《えつき》を除《ゆる》せ。」とのりたまひき。是を以ちて大殿破れ壊れて、悉に雨漏れども、都《かつ》て脩理すること勿く、椷《はこ》を以ちて其の漏る雨を受けて、漏らざる處に遷り避けましき。後に國の中を見たまへば、國に烟滿てり。故、人民富めりと爲ほして、今はと課役を科せたまひき。是を以ちて百姓榮えて、役使《えだち》に苦し

まざりき。故、其の御世を稱へて、聖帝の世と謂ふなり。

仁徳記の聖帝伝説は、後の仁徳紀と比べると、非常にコンパクトにまとめてある。人民の課役を免除した期間も、きっかり三年と至極シンプルである。

聖帝とは、徳の高い天皇。儒教的聖天子の思想が見える。漢風諡号「仁徳」の所以である。仁徳紀は更に詳細な記事が書かれ、却って、歴史事実の改竄の跡が露呈して来る。そこで、第五節で用いた方法、つまり、古事記の時系列、今回は三年間、に従い、「太子菟道稚郎子」の即位を歴史事実として、仁徳紀の聖帝記事を改めて整理し直してみる。

仁徳紀の聖帝伝説の復元

以下、『 』内が推定復元、（ ）内が原文、『 』のない場合は削除のみとなる。注はすべて、岩波日本古典文学大系から引いた。便宜上、段落番号を付した。

〔仁徳紀〕

①元年の春正月（の丁丑の朔己卯）に、『太子菟道稚郎子』（大鷦鷯尊）、天皇位に即きます。皇后を尊びて皇太后と曰す。『宮室を菟道《うぢ》に興てて居します。』（難波に都つくる。）是を『菟道宮』（高津宮）と謂ふ。即ち宮垣室屋《みかきおほとの》、堊色《うはぬり》せず。桷《はへき》梁《うつはり》柱《はしら》楹《うだち》、藻飾《ゑかき》らず。茅茨《かや》

蓋《ふ》くときに、割齊《かやしりきりととの》へず。此、私曲の故を以て、耕し績む時を留めじとなればなり。…~~（大鷦鷯尊と大菟宿禰の名を交換した話）~~…~~（是年、太歳癸酉。）~~

— 六韜の「宮垣屋室不レ堊、甍桷椽楹不レ斲、茅茨偏庭不レ剪」による。

右の推定復元は、決して恣意的なものではない。

先ず、『太子菟道稚郎子』は即位して、「宇治天皇」とお成りあそばした。播磨国風土記に残された称号と日本書紀の改竄とがそのことを証明する。

次に、万葉集七番歌に「菟道の宮子」、即ち「宇治の京」が歌われていた。仁徳紀の『宮室を菟道に興てて居します。』という記事も「宇治の京」の存在と「宇治天皇」の即位とを証明する。

その『菟道宮』の様子こそが、「宮垣室屋、堊色せず。桷梁柱楹、藻飾らず。茅茨蓋くときに、割齊へず。」とあるとおりであった。「宮垣や室屋は白く塗らない（漆喰をかけない）。垂木・梁・柱・梁の上に立てる短い柱などは、色彩などを施さない。屋根を茅で葺くときに、茅の末を切り揃えない。」というほどの意味である。天皇の宮殿としてはあまりにも質素に過ぎる。だが、それこそ、宇治天皇自身の、「自分だけのこと（宮殿建設）が原因で、人民の耕作し機織りする時間を奪ってはならないと思われたからである。」との御心と、見事に呼応している。

このように聖帝伝説は、本来、宇治天皇即位の時から始まっていたと考えられる。大鷦鷯天皇即位から三年前のことであった。

この復元し得た「菟道の宮室」の質素極まりない様こそが、万葉集七番歌の「宇治の京の仮廬」の具体的な正体に他ならない。「仮に作ったいおり」とか「仮に泊まる小屋」とかの従来の解釈は、この歌に関するかぎりは、とんでもない的外れだったのだ。歴史学者も万葉集研究者も、日本書紀の改竄に囚われて、遂に誰一人として気づかなかった歴史事実に逢着したのである。

宇治天皇即位記事を復元すると直ちに判明するのが、次の「二年春三月」記事の混入である。先述したとおり、左の記事は明らかに、大鷦鷯天皇の記事である。仁徳記の聖帝伝説三年間の時間帯を分断し、大幅に延長し、且つ、宇治天皇の業績を大鷦鷯天皇の業績に換骨奪胎しようとする改竄の甚だしい例である。

~~（二年の春三月の辛未の朔戊寅に、磐之媛命を立てて皇后と為。皇后、大兄去来穂別天皇・住吉仲皇子・瑞歯別天皇・雄朝津間稚子宿禰天皇を生れませり。又妃日向髪長媛、大草香皇子・幡梭皇女を生めり。）~~

この混入を削除すると、直後の「四年」記事が、実は宇治天皇の「元年」記事の続きであることが容易に分かる。おそらくは、「春正月」から「春二月」と連続していたのであろう。

②（四年の）春二月（の己未の朔甲子）に、群臣に詔して曰はく、「朕、『香山』（高臺）に登りて、遠に望むに、烟氣、域の中に起たず。以為ふに、百姓既に貧しくして、家に炊く者無きか。朕聞けり、古は、聖王の世には、人人、二詠徳之音《ほむるこゑ》を誦《あ》げて、家毎に三康哉之歌《やすらかなりといふうた》有り。今朕、億兆《おほみたから》に臨みて、（茲に三年になりぬ。）頌音《ほむるこゑ》聆《き》こえず。炊烟轉《いよいよ》疎かなり。即ち知りぬ、五穀登《みの》らずして、百姓窮乏せりと。邦畿之内《うちつくに》すら、尚給《つ》がざる者有り。況や畿外諸國《とつくにぐに》をや」とのたまふ。

二　文選、四子講徳論に「含淳詠徳之声盈ㇾ耳」。

三　集解に、尚書、益稷の「元首明哉、股肱良哉、庶事康哉」その他をあげる。康は、安らぐ・安らかの意。

②の章段では、第一に「高臺」を「香山」に復元した。先ず、仁徳記の聖帝伝説に合わせて、「高山」に戻してみた。万葉集十三・十四番歌の「妻争い」の歌で解明したように、「高山」は難波宮の大鷦鷯尊を暗示するものであった。しかも、神代の「香山」を書き換えたものであるようだ。これを熟考するに、万葉歌の「高山」も古事記の「高山」も、書き換えられた後、共に「かぐやま」と訓読された経緯が窺われる。そこに、今回の「宇治天皇の聖帝伝説」という新知見を加えれば、「宇治の京」側の「天の香（具）山」、即ち現在の香春岳三ノ岳を直接に指

し示す「香山」の表記に復元すべきだと考えざるを得なかった。

つまり、万葉集二番歌「天皇香具山に登りて望国せし時の御製歌」という題詞に於いて、「天皇」は宇治天皇を指し、「香具山」は「宇治の京」近くの「天の香山（香春岳三ノ岳）」を指していたのだった。三年後の「望国」記事の所で詳述する。

第二に、「今朕、億兆に臨みて、（茲に三年になりぬ。）頌音聆こえず。」の改竄が、悪質なものであった。古事記の「三年間の聖帝伝説」を倍以上の長期間に引き伸ばし、完全に「宇治天皇の在位」期間に入り切らない業績と化す手口である。実に陰険極まりない卑劣な造作である。

③三月（の己丑の朔己酉）に、詔して曰はく、「今より以後、三年に至るまでに、悉に課役を除めて、百姓の苦《たしなみ》を息へよ」とのたまふ。是の日より始めて、四黼衣絓履《おほみそおほみくつ》、弊《や》れ盡きずは更に爲らず。温飯煖羹《おほみものおほみあつもの》、酸《すゆ》り餧《くさ》らずは易へず。五心を削《と》くし志を約《せ》めて、從事乎無爲《しづかにおはしま》す。是を以て、宮垣崩るれども造らず、茅茨壊るれども葺かず。風雨隙に入りて、衣被《おほみそおほみふすま》を沾《うるほ》す。星辰壊《やれま》より漏りて、床蓐《みゆかみましき》を露にす。是の後、風雨時に順ひて、五穀豐穰なり。三稔《みとせ》の間《ころ》、百姓富寛《ゆたか》なり。頌徳《ほむるこえ》既に滿ちて、炊烟亦繁し。

四「黼衣絓履」以下「從事乎無為」までは六韜、文韜、盈虚の「鹿裘禦レ寒、布衣掩レ形、糲粱之飯、藜藿之羹、不下以二役作之故一、害中民耕織之時上、削レ心約レ志、以從二事乎無為一」に類似し、殊に北堂書鈔所引の古本六韜には「太公六韜云、堯王二天下一不二温飯暖羹一、不レ酸不レ棄」とあってよく似ているから、六韜に拠って作った文であろう。

五　六韜直解に「削㆓治吾心㆒、省㆓約吾志㆒、是不㆓驕著㆒也、従㆓事乎無為之治㆒、是治㆑国之倹也」と見える。自分の心をそぎへらし、志をつつまやかにしておごらない。「従事乎無為」は、無為の政治（何もしないで天下の治まる善政）をすること。

宇治天皇元年三月に「三年、百姓の課役を免除せよ」との詔が出された。これが歴史事実のようである。

すでに、①から③の章段で明らかなように、聖帝伝説は儒教的聖天子の思想の影響が色濃い。岩波日本古典文学大系の頭注の出典を見てもすぐ分かる。儒教が聖天子として仰いだ第一は、堯・舜・禹の三帝である。中でも、宇治天皇が最も手本としたのが、堯帝のようである。①の章段に、「茅茨《かやふ》蓋くときに、割齊《かやしりきりととの》へず。」があり、③の章段に、「茅茨壊るれども葺かず。」がある。これらは、例えば十八史略の「帝堯陶唐氏」中の「茆茨剪らず、土階三等のみ。」（宮殿は茅ぶきで先を切りそろえず、土の階段はわずか三段であった。）の句が我が国ではよく知られていて、これに似ている。だが、十八史略は、元の曾先之の撰であるから、五世紀前半の在位と推測される宇治天皇の記録には合わない。だが、史記の「五帝本紀」には該当する記事がない。意外にも、法家の韓非子「五蠹」の出典が最も古そうだ。大漢和辞典から各出典を抄録する。

【茅茨不レ翦采椽不レ斲】　バウシ　キラズ　サイテン　ケヅラズ　茅をもって屋根を葺き、其の檐端を翦り揃へず、山から采ってきた椽を其の儘用ひて斧斤を施さない。極めて質朴節倹な喩。茅茨は、茅をもって屋根を葺くこと。采椽は、山から采ってきた椽。一説に、采は木の名。今の櫟をいふ。

〔韓非子、五蠹〕　堯之王二天下一也、茅茨不レ翦、采椽不レ斲。

〔史記、秦始皇紀〕二世曰、吾聞二之韓子一、曰、堯舜采椽不レ刮、茅茨不レ翦。

〔史記、李斯傳〕　堯之有二天下一也、堂高三尺、采椽不レ斲、茅茨不レ翦。

〔漢書、司馬遷傳〕墨者亦上二堯舜一、言二其徳行一曰、堂高三尺、土階三等、茅茨不レ翦、采椽不レ斲。

右の出典を見れば明らかなとおり、宇治天皇は堯帝を手本にしていることがよく分かる。宇治天皇が、なぜ、儒家の仰ぐ聖天子を手本にし得たか。それは、第五節の「應神記の太子と應神記の太子」で証明したとおり、

○太子菟道稚郎子、百濟の阿直岐を師とする。

○太子菟道稚郎子、百濟の王仁を師とし、諸典籍を王仁に習う。

という実績があるからに他ならない。特に、王仁から習った「諸典籍」に儒家の経典が多く含まれていたことが推測される。そうであれば、ますます聖帝伝説の帝が、断じて大鷦鷯天皇ではないことが明白になってゆく。大鷦鷯天皇はこのことからも仁徳天皇ではあり得ない。

④『三』（七）年の夏四月（の辛未の朔）に、天皇、『香山に登りまして』（臺の上に居しましす）、遠に望みたまふに、烟氣多に起つ。是の日に、皇后に語りて曰はく、「朕、既に富めり。更に愁無し」とのたまふ。皇后、對へ諮《まう》したまはく、「何をか富めりと謂ふ」とまうしたまふ。天皇の曰はく、「烟氣、國に滿てり。百姓、自づからに富めるか」とのたまふ。皇后、且《また》言したまはく、「宮垣壞れて、脩むること得ず。殿屋破れて、衣《おほみそ》被《おほみふすま》露《つゆにしほ》る。何をか富めりと謂ふや」とまうしたまふ。天皇の曰はく、「[六]其れ天の君を立つるは、是れ百姓の爲になり。然れば君は百姓を以て本とす。是を以て、古の聖王は、一人も飢ゑ寒ゆるときには、顧みて身を責む。今百姓貧しきは、朕が貧しきなり。百姓富めるは、朕が富めるなり。未だ有らじ、百姓富みて君貧しといふことは」とのたまふ。

六　荀子、大略篇の「天之生レ民、非レ為レ君也、天之立レ君、以為レ民也」などが出典であろう。

②③④の章段は、見事なまでに首尾一貫していることが知られる。ただし、月は見事に推移するが、日の干支は①から④の章段においては多く合わないので削除した。（富永長三氏に調べていただいた。）

万葉集二番歌の復元

古事記に云う、聖帝の御世が三年との記述と整合させるなら、宇治天皇三年夏四月に、天皇は再び、天の香山に登りまして国見をなさったと考えられる。その時の歌こそが、万葉集二番の長歌と十五番の反歌と思われる。この組み合わせは、『万葉集形成の謎』（山口博）に触発され、藤原定家の「長歌短歌之説」を参照した結果、二番歌に反歌のあったことが記録されている所から考察して得られた、筆者独自の復元に拠る。

天皇登二香具山一望國之時御製歌

山常庭　村山有等　取與呂布　天乃香具山　騰立　國見乎爲者　國原波　煙立龍　海原波
加萬目立多都　怜𪫧國曽　蜻嶋　八間跡能國者

反　歌

渡津見乃　豊旗雲尓　伊理比紗之　今夜乃月夜　清明己曾

天皇香具山に登りて望國《くにみ》せし時の御製歌

倭には　群山有れど　取り鎧ふ　天の香具山　登り立ち　國見を爲れば　國原は　煙立ち
立つ　海原は　鷗立ち立つ　うまし國そ　『豊』蜻蛉嶋　倭の國は

反　歌

わたつみの　豊旗雲に　入日射し　今夜の月夜　さやに照りこそ

【新解釈】

宇治天皇が天の香山に登って国見をなさった時の御製歌

倭国には多くの山々があるけれども、鎧を身に着けたような山肌をした天の香山（香春三ノ岳）に、登り立ち国見をすると、今や（豊国の）国原は人民の炊煙が盛んに立ちのぼる。淡海（古遠賀湾や行橋の入り江）の海原は鷗（かまめ、瀬戸内地方の方言）が盛んに飛び立つ。よい国だ、豊秋津島倭の国は。

反　歌

淡海の豊旗雲に入日の射すのを見た今夜は、月もさやかに照ることであろう。（三稔《みとせ》の間《ころ》、百姓富寛《ゆたか》なり。頌徳《ほむるこえ》既に滿ちて、炊烟亦繁し。豊秋津島倭の国の将来も明るい。朕の心も晴れやかだ。）

以前は、「天乃香具山」を大分県別府市にある鶴見岳に比定してきた。古代の鶴見岳は活火山であったため、天皇は登らないとし、国東半島東南端に鎮座する奈多八幡社の神体山、見立山に登って詠んだ歌と解していた。

今回、ようやく宇治天皇の聖帝伝説が歴史的背景にあることが明瞭に知られたから、三度変更して、「天乃香具山」を「香春岳三ノ岳」に比定し直さざるを得ない。「天皇、香山に登りまして、遠に望みたまふに、烟氣多に起つ。」や「天皇の曰はく、『烟氣、國に滿てり。百姓、自づからに富めるか』とのたまふ。」の言動に何よりふさわしい「御製歌」と考えられるからである。万葉歌は歴史を詠う。

宇治天皇の民本主義

次に、皇后との仲睦まじい掛け合い漫才のような問答に見られる「民本主義」とも呼ばれる儒家の思想に触れておこう。この思想は、聖帝伝説全般にわたる基本思想でもある。④の章段には、『荀子』（儒家）の大略篇の一節が引かれている。「天（自然）が民衆をこの世に出現させたのは、君主のためにではなく、天が君主を立てたのは全く民衆のためなのである。」というほどの意味である。

この荀子よりも古く、強烈な「民本主義」を説いた儒家がいる。孟子の「王道論」である。しばらく、金谷治の『孟子』（中国古典選8　朝日新聞社）の解説を借りる。

《孟子の政治論である王道論は、もとより、階級的な身分秩序を認め、王権の確立をめざす封建社会の背景を持つものであるが、そこにもなお注意しなければならない幾つかのことがある。

まず、王道は愛の政治であること、そして「民を上とす」といわれるように、民衆の幸福を第一とすることは、甚だ重要である。「人に忍びざるの心」で「民を保んずること」、つまり他人の不幸をじっと傍観しておれないような愛情で、民衆の生活を安定することこそ、政治の根本だという主張は、いつの世の政治家にも望まねばならないことである。なるほど、それは、むしろ当然すぎるほどの、原理的なことでもあろう。しかし、孟子の時代もそうであったように、現実の政治のうえでは、今日のわが国でも、余りにも忘れられがちなことではないか。

「民を貴しとなし君を軽しとなす」と喝破したデモクラティックなことばは、江戸時代の学者によって、わが国の封建体制にあわないと考えられ、そのために、『孟子』の書を積んで日本に来る船は沈没する、という俗説までも流布された(『五雑俎』巻四)。そこには、過去のわが国の強い封建制、そして、そうした世界における『孟子』の進歩性が、よく示されている。まことに、政治の中心は民衆にこそあるべきであった。》

聖帝伝説において、『孟子』の言辞は確かに直接引用された痕跡こそ見ないが、宇治天皇の人民の生活を思いやる「人に忍びざるの心」は、確かに孟子の王道論に基づくものと思われる。また、宇治天皇の心中をよく理解しながら、わざとからかい問いかける心優しい皇后こそ、髪長媛その人であろう。

聖帝伝説の記録者

ところで、改竄されはしたが、宇治天皇の記事を最初に記録した人物、そして、宇治天皇と皇后髪長媛のやりとりを知り得た人物は、一体、誰であろうか。答えはやはり應神紀にある。おそらく、「王仁」であろう。

十六年の春二月に、王仁來る。則ち太子菟道稚郎子、師としたまふ。諸典籍を王仁に習ひたまふ。通達せざるは莫し。所謂王仁は、是書首等の始祖なり。

宇治天皇の太子時代の師であり、諸典籍を知り、書首《ふみのおびと》等の始祖である人物だ。即位後に、宇治京の宮殿に仕えたとしても不思議のない人物であり、皇后とのやりとりも天皇自ら師に報告された可能性も高い。あるいは、王仁の記録を後世の書首等が史書にまとめた可能性もある。いずれにしろ、従来の、例えば「仁徳天皇の善政の記事は、記紀共に漢文調の文飾が著しく、津田左右吉が指摘したように、天皇を堯舜のような儒教式聖帝として描き出している。」（日本古典文学大系頭注）という間の抜けた解釈は、もう許されない。宇治天皇は王仁から習った儒家の聖天子を強く意識して、ご自分の治世に「王道」を実践された稀有の天皇なのである。「描き出された」のではない。

以上を総合すれば、聖帝伝説はもはや伝説とは言い難く、宇治天皇のわずか三年の在位中の貴重な記録、即ち歴史以外の何物でもないことになる。

九、聖帝伝説の疑義③　新宮殿の造営

三年後の課役

いよいよ、「聖帝伝説＝宇治天皇の治世」の終焉に近づく。

~~（秋八月の己巳の朔丁丑に、大兄去來穂別皇子の爲に、壬生部を定む。亦皇后の爲に、葛城部を定む。）~~

右の「秋八月」記事は、明らかに、大鷦鷯天皇の記事の混入であるから、これを削除する。髪長媛皇后と葛城部はおよそ無関係だ。

⑤『秋』九月に、諸國、悉に請ひて曰さく、「課役並に免されて、既に三年を經たり。此に因りて、宮殿朽ち壞れて、府庫已に空し。今黔首《おほみたから》富み饒《ゆたか》にして、遺《おちもの》拾はず。是を以て、

里に鰥寡《やもをやもめ》無く、家に餘儲《あまりのたくはへ》有り。若し此の時に當りて、税調《おほみちからみつき》貢りて、宮室を脩理《つくろ》ふに非ずは、懼るらくは、其れ罪を天に獲むか」とまうす。然れども猶忍びて聽《ゆる》したまはず。

この章段にも数々の漢文が用いられているが、詳細は省く。ただ、「然れども猶忍びて聽したまはず。」に、孟子の王道論の要である「人に忍びざるの心」を有したもう君主像を見ることができる。民の竈が賑わった夏四月から秋九月まで、宇治天皇はまだ民に税調を課せられず、宮室の修理もなさらなかったのである。

新宮殿の造営

⑥（十年の）冬十月に、甫めて課役を科せて、宮室を構造る。是に、百姓、領《うなが》されずして、老を扶け幼を携へて、材を運び簣《こ》を負ふ。日夜と問はずして、力を竭して競ひ作る。是を以て、未だ幾時を經ずして、宮室悉に成りぬ。故、今までに聖帝と稱めまうす。

「十年」が最たる改竄の痕である。また、⑤⑥の章段には、日付の干支が記されていない。その「秋九月」の臣下の進言以来、それが度重なったのであろうか、遂に新宮殿の造営のための課役を「三年冬十月」に宇治天皇の三年の治世において始めて（甫めて）科せられた。

ここで、仁徳紀中の、本来、宇治天皇に関わる記事に加えられた改竄の痕跡を並べてみる。

①宇治天皇即位元年を大鷦鷯天皇元年にすりかえ、宇治宮の質素な造りを高津宮の造りにすりかえる。

（大鷦鷯尊と木菟宿禰の名を交換した話と、二年春三月の磐之媛命立皇后の記事等を挿入。）

②宇治天皇元年春二月の記事を「四年」と改竄。さらに、「今朕、億兆に臨みて、（茲に三年になりぬ。）頌音聆こえず。」と年数を加算して挿入。

③元年春三月記事。三年の課役を免除。改竄は特になし。

④『三年』とあるべきを「七年」と改竄。したがって、本来、宇治天皇元年春三月から三年夏四月までの足掛け三年間、天皇は民の課役を免除されたことになる。

（秋八月、葛城部を定む、との記事を挿入）

⑤三年『秋』九月、臣下が税調ならびに宮殿造営を進言。

⑥同冬十月、始めて課役を科し、宮室を造る。「十年」が最大の改竄。

となり、古事記仁徳記の「三年の聖帝伝説」と、右の復元した日本書紀仁徳紀の、実は「宇治天皇の三年の治世」記事とは見事に一致する。なおかつ、日本書紀の記録の方が古事記よりも詳細であり、漢文調の首尾一貫した流麗な文体と相俟って、聖帝即ち「真実の仁徳天皇（＝宇治天皇）」の優れた一代紀となっている。

聖帝記事は、「新宮殿造営の課役に、人民が自ら進んで参加し、老人を助け幼子の手を携え、一家総出で材木を運びモッコを担いだ。昼夜を問わず、力を尽くして競って造った。こういうわけで、幾ばくの時も経ないで宮室は全て完成した。故に、今まで聖帝と称え申し上げている。」と書かれ、聖帝の治世に対し人民が恩返しするという、劇的な形で結ばれる。宇治天皇三年冬十二月のころであろうか。

新宮殿造営の万葉歌

驚くことには、この新宮殿造営の際の役民の歌が万葉集に残されている。五〇番歌である。

藤原宮之役民作歌

八隅知之　吾大王　高照　日乃皇子　荒妙乃　藤原我宇倍尓　食國乎　賣之賜牟登　都宮者　高所知武等　神長柄　所念奈戸二　天地毛　縁而有許曾　磐走　淡海乃國之　衣手能　田上山之　眞木佐苦　檜乃嬬手乎　物乃布能　八十氏河尓　玉藻成　浮倍流礼　其乎取登　散和久御民毛　家忘　身毛多奈不知　鴨自物　水尓浮居而　吾作　日之御門尓　不知國依　巨勢道従　我國者　常世尓成牟　圖負留　神龜毛　新代登　泉乃河尓　持越流　眞木乃都麻手乎　百不足　五十日太尓作　泝須良牟　伊蘇波久見者　神隨尓有之

右、日本紀曰、朱鳥七年癸巳秋八月、幸㆓藤原宮地㆒。八年甲午春正月、幸㆓藤原宮㆒。冬十二月庚戌朔乙卯、遷㆓居藤原宮㆒。

藤原宮の役民の作る歌

やすみしし　わご大王　高照らす　日の皇子　荒栲《あらたへ》の　藤原がうへに　食《を》す國を　見《め》し給はむと　都宮《みあらか》は　高知らさむと　神《かむ》ながら　思ほすなべに　天地《あめつち》も　寄りてあれこそ　石走る　淡海の國の　衣手の　田上山《たなかみ》の　眞木さく　檜《ひ》の嬬手《つまで》を　もののふの　八十氏河に　玉藻なす　浮かべ流せれ　其《そ》を取ると　さわく御民《みたみ》も　家忘れ　身もたな知らず　鴨じもの　水に浮きゐて　わが作る　日の御門に　知らぬ國　寄し巨勢道《こせぢ》より　わが國は　常世《とこよ》にならむ　圖《ふみ》負へる　神《あや》しき龜も　新代《あらたよ》と　泉の河に　持ち越せる　眞木の嬬手を　百足らず　筏に作り　泝《のぼ》すらむ　勤《いそ》はく見れば　神ながらならし

右、日本紀に曰はく、朱鳥七年癸巳の秋八月、藤原宮の地に幸《いでま》す。八年甲午の春正月、藤原宮に幸す。冬十二月庚戌の朔の乙卯、藤原宮に遷居《うつ》るといへり。

〔大意〕大八洲をお治めになるわが大王、高天原をお照らしになる日の御子が、藤原の地で国をお治めになろうと、御殿を高く営まれようと、神にましますままにお思いになるにつれて、天地も相寄ってお仕えしているので、石走る淡海の国の田上山の檜の木の角材を、物部の八十氏河に流して居るから、それを取ろうと忙しく立ち働く百姓（おほみたから）も、家をも忘れ己が身をも全く忘れて、鴨のように水に浮いていて、自分たちの作る宮殿に、未だ従わない国を帰服させるその巨勢道から、わが国が永久不変の国になるという不思議な図を負った亀も新時代だとて出づる泉川に持って来た真木の角材を、（百足らず）筏に作って川をさかのぼらせているのであろう。その仕事に励む百姓の様子を見ると、実に大王は神そのままでいらせられるようだ。

右の歌は、勿論、「藤原宮を造営する役民の作る歌」と解されている。藤原京は、六九四年の遷都から七一〇年の平城京遷都まで、持統・文武・元明天皇の三代にわたって栄えた都である。現在の橿原市に所在したが、七一一年に焼失し、廃墟となった。役民とは、日本古典文学大系頭注に、「宮殿造営の労役に召された民。当時人民は労役の義務を課せられていた。」とある。さらに、「この歌は人民には作れそうもない歌なので、知識人の作だろうと言われ、人麿の歌だという説もある。」と注されている。

確かに、知識人が役民に仮託して詠んだ歌であることは疑いない。それによって、この歌は畢竟、何を歌いたかったのだろうか。それは、「忙しく立ち働く百姓も、家をも忘れ己が身をも全く忘れ」るくらいに、自ら進んで働く人民に仮託して「聖帝の御世」を褒め称えることにあるはずだ。その百姓の働きぶりは、宇治天皇の御世の「老人を助け幼子の手を携え、一家総出で材木を運びモッコを担いだ。昼夜を問わず、力を尽くして競って造った」役民と寸分違わない。

つまり、「藤原宮之役民作歌」の内実は、宇治天皇の新宮殿造営記事と酷似する。

その観点から歌を再吟味すると、まず「御民」の表現が興味深い。従来は「天皇の民だから尊敬した」とするが、「王道」を実践され、人民を大切にされた宇治天皇の御世を配慮した表現と考えるのが適当だ。

次に、地理関係が余りにも不自然だ。橿原市の藤原京造営の役民は藤原京では終に働かない。従来の解釈に拠れば、「滋賀県栗太郡の田上山からヒノキの角材を切り出し、京都府宇治郡を流れる宇治川に流し、京都府相良郡の東部で木津川などと合流する泉川に持って来て筏に作り、川をさかのぼらせているのだろう。」となり、橿原市の数十キロメートル北の川で役民の作業は終わる。藤原宮で働く役民は姿を見せないのだ。

これらに対し、「第二節　宇治の京はどこか」の「近江の荒れたる都を過ぐる時、柿本朝臣人麿の作る歌」で追究したように、「石走る淡海の國」が古遠賀湾か行橋市辺りの古代入り江沿いの国であり、「田上山《たなかみ》」が、「淡海の海齋多の濟《わたり》に潜く鳥田上過ぎて菟道に捕へつ」（神功紀）の「田上」と同じで、「もののふの八十氏河」が「物乃部の八十氏河の網代木にいさよふ浪の去辺《ゆくへ》知らずも（二六四）」（柿本人麻呂）の「物乃部の八十氏河」と同一であるなら、「藤原宮の役民の作る歌」の主舞台はすべて福岡県田川郡香春町の「古代菟道《うぢ》河」とその周辺ということになる。そこは、取りも直さず、「宇治天皇の宇治の京」とその周辺でもある。

右のように、「藤原宮の役民の作る歌」が、もともと「宇治京」の近くに新宮殿を造営する時の役民に仮託して詠んだ歌であるなら、役民の活躍する主舞台が「もののふの　八十氏河」であることに何ら奇異な点はない。むしろ、おそらく、「新宇治宮の役民の作る歌」をベースにして、聖帝の御世と同じように、役民が藤原宮造営にも進んで働いたと詠い、持統天皇の徳を称えたのであろうか。

『萬葉集注釋』（澤瀉久孝）にも、「役民」についての考察があり、まことに興味深いものがある。抄録する。


《役民の實態については、北山茂夫氏の「藤原宮の役民の作れる歌について」（『萬葉の世紀』）にも幾千言を費されてゐるが、既に金子氏の評釋にも引用せられてゐるやうに、元明天皇の和銅四年九月四日の勅に、

頃聞。諸國役民、勞二於造都一。奔亡猶多。雖レ禁不レ止云々（續紀五）

とあり、同五年正月の詔にも、

諸國役民。還レ郷之日。食糧絶乏。多饉二道路一。轉二填溝壑一。其類不レ少。國司等宜下勤加二撫養一量賑恤上云々（同）

とあって、防人の場合同様、必ずしも勇躍任に就いたとは考へられない。これは奈良の都の

造営の事であるが、藤原の都の時は事情が全然違ってゐたとは考へられない。しかもここには防人の作に見るやうな役民の歎は少しも歌はれてゐない。防人自身の作ばかりでなく、家持が防人の為に思ひを述べたものにも「群鳥の　出で立ちがてに　とどこほり　かへりみしつゝ」（廿・四三九八）と云ってゐるのに對して、ここでは「家忘れ　身もたな知らず」と云って、新都造営に寄する人民の熱情をのみ述べて、聖代の謳歌に終始してゐる。そこに「時代」の相違があり、家持と人麻呂とのへだたりがある。（傍線は福永）

いずれにしろ、「藤原宮の役民の作る歌」は、ほぼ間違いなく、聖帝宇治天皇の新宮殿造営の故事がそのモチーフとなっているようだ。

十、「金野乃」歌の真意

万葉集七番歌の新解釈

ここまで述べ来たって、ようやく万葉集七番歌の全ての真意が明らかになる。

額田王歌　未詳

金野乃　美草苅葺　屋杼礼里之　兎道乃宮子能　借五百磯所念

金の野の　み草刈り葺き　宿れりし　宇治の京の　仮廬《かりほ》し思ほゆ

右、山上憶良大夫の類聚歌林を検ふるに曰はく、一書に戊申の年比良の宮に幸すときの大御歌といへり。（後略）

【新解釈】

金の野の草を刈って屋根にふいて宿っていた、あの宇治（福岡県田川郡香春町宮原附近）の宮室の質素な造りがなつかしく思い出される。

右は、山上憶良大夫の類聚歌林を調べると書いてあることには、一書に戊申の年（宇治天皇三年＝四〇八か）に（宇治天皇が）比良（菟道河沿いの地か）の宮に行幸されるときの大御歌といっている。

（後略）

【新考】

宇治天皇三年「冬十月に、甫めて課役を科せて、宮室を構造る。是に、百姓、領《うなが》されずして、老を扶け幼を携へて、材を運び簣《こ》を負ふ。日夜と問はずして、力を竭して競ひ作る。是を以て、未だ幾時を經ずして、宮室悉に成りぬ。」の条の結果、天皇は新宮殿と思われる「比良の宮」に遷宮された。

この「比良の宮」とはどこか。記紀は「比良の宮」の名さえも黙秘して語らぬ。僅かに、「山上憶良大夫の類聚歌林中の『一書』」にあると、万葉集の左注がその名を唯一留めた。その所在についてはまだ明らかでないが、万葉集二九・三一に詠まれた「平山」・「比良の大わだ」と併せると、依然として「菟道宮」からそれほど遠くない地に建てられたようだ。そう考えると、先の「藤原宮」自体が、実は「宇治天皇」の新宮殿「比良の宮」を指す可能性がある。

先に、餅的伝説の項で、「豊前国仲津郡中臣村は中臣（藤原）鎌足の出身地との伝承が伝わる」と取り上げた。岩波本『風土記』頭注には、「福岡県行橋市草葉・福富から犀川町久富にわたる今川の流域地。和名抄の郷名に見える。」とある。行橋市の同地域に藤原氏発祥の地との伝承もある。だが、ここは、古墳時代には琵琶のように丸い形をした淡海の入江の只中であり、およそ陸地ではない（この入江があるいは琵琶の海と呼ばれたかも知れない。その西北の隈にビワノクマ古墳がある）。

豊前国ナカ津

これに対して、またも香春町に「豊前国ナカ津」の地が存在する。あの勾金荘に「中津原」の地がある。そこは、八十氏河の一、御祓川《みそぎ》のほとりであり、ここに「比良の宮」が築かれ、後世、「藤原宮」と呼ばれた可能性が窺われる。そうすると、「藤原宮の役民の作る歌」における、「石走る淡海の国（古遠賀湾沿岸か）の田上山の檜の木の角材を、物部の八十氏河に流して、筏に作って川をさかのぼらせ」ると、直ちに「藤原宮」すなわち「比良の宮」の造宮に働くことになり得るではないか。しかも、ここは何より「菟道宮」から「菟道河（金辺川）」を下って来た所にある。「藤原宮の役民の作る歌」は、あるいは、そのまま「比良の宮の役民の作る歌」であった可能性が高い。

また、神功紀中の歌、「淡海の海齋多の濟に潜く鳥田上過ぎて菟道に捕へつ」と比較すれば、古遠賀湾の「淡海」から「田上」を過ぎて「菟道河（この場合は彦山川か）」に溯った辺りでもある。同時に、應神記において、應神天皇が宇遲能和紀郎子の母となる、矢河枝比売に木幡村で出遭う直前に、「一時に、天皇、近つ淡海国に越え幸でましし時に、宇遅野の上に御立ちし、葛野を望け、歌ひ曰りたまはく、千葉の　葛野を見れば　百千足る　家庭も見ゆ　国の秀も見ゆ」の章段があり、「近つ淡海国」と「宇遅野」とが近いことが知られる。

つまり、「比良の宮」は「近つ淡海」にごく近く、すなわち、「ささなみの比良の大わだよどむとも昔の人に会はむと思へや」の歌に詠まれた「比良の大わだ」にごく近いことになる。万葉集一七一五番にも「楽浪之　平山風之　海吹者　釣為海人之　袂変所見」（ささなみの比良山風の海吹けば釣する海人の袖かへる見ゆ）という歌があり、平山と海がごく近い。琵琶湖は全く縁がない。このことが、最終章のテーマと深く関わる。

その「比良」の地に、人民の熱心な働きにより、新宮殿は立派な造りで完成したのであろう。それを目の当たりにされ、宇治帝は即位時の「自分だけのこと（宮殿建設）が原因で、人民の耕作し機織りする時間を奪ってはならない」とのお考えで、「宮垣室屋、堊色《うはぬり》せず。桷《はへき》梁《うつはり》柱《はしら》楹《うだち》、藻《ゑかき》飾《かざ》らず。茅《か》茨《や》蓋《ふ》くときに、割《かやしりきり》齊《ととの》へず。」の『菟道宮』を思い出された。また、三年間、人民の課役を科せられなかったので、「宮垣崩るれども造らず、茅茨壊るれども葺かず。風雨隙に入りて、衣《おほみそ》被《おほみふすま》を沾《うるほ》す。星辰壊《やれま》より漏りて、床《みゆか》蓐《みましき》を露にす。」という時間を過ごされ、遂に、「香山に登りまして、遠に望みたまふに、烟氣多に起つ。」のを体験された。その様々なお思いのこもった、質素な、あの「菟道宮の仮廬」が自然と思い出され、人民への感謝のご念とともに、しみじみと懐旧の情に浸られたのであろう。

万葉集は紛れもなく歴史事実を詠う。七番歌の解明により、宇治天皇の聖帝記事を終に歴史事実として復元することができた。

宇治天皇の絶対年代

はたして、宇治天皇の御世は西暦何年ごろであろうか。

外国史料との関係で、絶対年代が比較的確実になるのが、神功皇后紀の年代である。神功皇后（実は十五代神功天皇）は三六九年に現在の久留米市大善寺玉垂宮に「水沼の皇都」を築かれて遷都。これを「新・邪馬台国」と名づけた。神功皇后が三九〇年か三九一年に崩御。應神天皇が即位。宋書倭国伝の「倭王讃」に当るようである。ところが「倭王讃」と日本書紀の應神天皇の在位が合わない。倭王讃の在位中に、宇治天皇の在位と大鷦鷯天皇の在位とが重なってしまう。このため、従来の説でも、應神と仁徳（大鷦鷯）は同一人物ではないかというものがあるくらいだ。

宇治天皇の父帝應神が倭王讃でないのなら、話は分かりやすい。事実、隋書俀国伝には、六世紀末当時の倭国は兄弟統治であることが記されている。宋書のころの五世紀初めの倭国も兄弟統治であるなら、日本書紀の應神紀は、あるいは、筑紫の倭王讃の兄弟に当る大王の記事である可能性もある。今回は、その追究が十分でないことをお断りして、万葉集七番歌の左注にある「戊申年」を、三九〇年の後に探し、西暦四〇八年が見えるとするに留め置く。宇治天皇即位はあるいは四〇六年であろうか。今後の課題である。

なお、宇治天皇の聖帝記事中の「國の中に烟發たず。國皆貧窮す。」の原因について、火山考古学の成果をまとめて、気候変動にその原因を探った秀逸の論考を高見大地氏から寄せていただいた。末尾の《参考》に掲げる。

十、聖帝記事の後世への影響

宇治天皇の在位を歴史事実に回復し、宇治の京の所在を田川郡香春町に求め得た。また、宇治天皇こそが本気で儒教的聖帝の御世を現出せしめようとされた帝でもあった。すなわち、「真実の仁徳天皇」であらせられた。それを万葉集の名歌が証言していたことも解明できたのである。

このわずか三年の聖帝の御世は、大鷦鷯天皇、即ち「偽の仁徳天皇」に総てを奪われながらも後世に多大な影響を及ぼした。

百人一首の一番歌

例えば、わが国でもっとも広く読まれ、親しまれてきた古典に、『(小倉)百人一首』がある。平安時代末、鎌倉時代初の藤原定家(一一六二〜一二四一)が撰者であるようだ。百人一首には、室町時代以降、膨大な注釈があり、百人一首の重要な歌に、聖帝の影響のあることが知られる。

ここに、優れた「百人一首」の注釈書がある。角川ソフィア文庫の『百人一首』（島津忠夫＝訳注）である。この注釈書が最も優れている訳は、「原作者の詠作意図よりは、定家がどう解釈し、どう評価していたかに重点をおこうとする」立場に立つからである。

まず、一番の歌についてである。抄録する。

一　秋の田のかりほの庵のとまをあらみわがころもでは露にぬれつゝ　　天智天皇

現代語訳　秋の田のほとりの仮の小屋は、ほんの間に合わせに荒く葺いた粗末なものだから、その小屋で番をしている私の袖は、ふけゆく夜露にしっとりと濡れつづけていることだ。

鑑賞　万葉歌人天智天皇の作風を示す歌ではなく、歌風からいっても、平安初期のもので、『万葉集』二一七八の「秋田刈る仮盧を作り我が居れば衣手寒く露ぞ置きにける」という作者不明の歌の、なまって伝えられたにすぎないという説が、賀茂真淵以来有力である。ただ、『百人一首』に則していえば、やはり天智天皇の御製として、別の歌と考えられていたことは明らかである。その御製としての立場から、あるいは王道の御述懐の歌（応永抄）とか、諒闇の折の歌（幽斎抄）とかいう説が付会されてくるが、少なくとも『後撰集』では、秋の歌であり、それに御製と考えられていたのだから、農民の辛苦を思いやられた聖帝の歌だと、撰者定家は見ていたであろう。

出典・参考　『後撰集』秋中、三〇二。「題しらず　天智天皇御製」として見える。（中略）平安時代の天皇は、天智天皇の皇胤をうけるので、天皇側の代表作者として、もっとも尊敬すべき立場におかれていた天智天皇を第一線に立てて人選をした『後撰集』以来の伝統を、忠実にふまえているのである。それればかりでなく、『自筆本近代秀歌』以下の秀歌撰にも取り上げ、定家はこの歌を高く評価していた。

（傍線は福永）

【新考】

「王道の御述懐の歌」および「農民の辛苦を思いやられた聖帝の歌」との解釈は正しいと思われる。「秋の田のかりほの庵」は万葉集七番歌の「金（あき）の野のみ草刈り葺き」たる「仮廬」の本歌取りともいうべき手法であろう。「農事のために稲田のほとりに作った仮小屋」ではあるまい。「とまをあらみわがころもでは露にぬれつゝ」とは、やはり、宇治天皇の「宮垣崩るれども造らず、茅茨壊るれども葺かず。風雨隙に入りて、衣《おほみそ》被《おほみふすま》を沾《うるほ》す。星辰壊《やれま》より漏りて、床蓐《みゆかみましき》を露にす。」を下敷きにして、「天皇自らの衣手（袖）が雨露に濡れている」ことを詠っているようだ。したがって、天智天皇があるいは、宇治天皇の王道政治を偲ばれて、宇治天皇に仮託して詠んだ歌とも解される。

だが、日本書紀成立後の平安時代末の藤原定家にはもはや、仁徳紀の「聖帝の御世」との理解しかできなかったはずだ。定家にとって、万葉集七番歌の真意は残念ながら見えていなかったであろう。

【新解釈】
秋の田の稲穂を刈り、その藁を苫に編み、仮廬のようなわが宮殿の屋根を葺くが、苫の目が粗いので時々、わが袖は漏れ来る雨露に濡れることだ。それでも、朕は民の暮らしが豊かならんことを願う。

百人一首の二番歌

二　春過ぎて夏来にけらし白妙の衣ほすてふ天の香具山　　持統天皇

【新考】
元歌は万葉集である。

天皇御製歌
二八　春過而　夏来良之　白妙能　衣乾有　天之香具山
春過ぎて　夏来たるらし　白妙の　衣乾したり　天の香具山

この歌の他の訓読を挙げておこう。「天のかご山」と関連する。

春過ぎて夏きにけらし白妙の衣ほしたるあまのかご山（範兼「五代集歌枕」）
春過ぎて夏ぞきぬらし白妙の衣かはかるあまのかご山（元暦校本万葉集）

ここで百人一首の通釈を示しておく。

いつしか春も過ぎてはや夏が来たらしい。昔から夏が来ると白妙の衣を干しかけると言いつがれてきた、この天の香具山には、真っ白な夏の着物がほしかけてあることよ。（角川ソフィア文庫）

決して難訓歌ではないが、主題の分りづらい歌である。島津忠夫氏は次のような鑑賞を述べられている。

《「春過ぎて夏来るらし白栲の衣干したり天の香具山」という『万葉集』二八の原歌にくらべて、「夏来にけらし」と語調をやわらげたのでは、眼前に交代する季節感がぼやけて「春過ぎて」の感動が消え、「ころもほすてふ」では眼前の実景ではなく下へ続く形となって、四句切の簡勁な調子に及ばないと評価されることが多い。『万葉集』原歌にもどしての鑑賞としては正しいが、どうして定家らが、こういった形をすぐれたよみとして取りあげたかを考えることが、重要であろう。第二句の方は、優雅なしらべというまでであるが、第四句を

あえて「ほすてふ」とよんだのは、「天の香具山」にまつわる伝承を脳裏に思いうかべているのである。》

右にあるように、「眼前に交代する季節感がぼやけ」「眼前の実景ではない」なら、万葉歌の生命は存しない。二八番歌の主題は、「眼前に交代する季節感」を「眼前の実景」に見て取っていることではなかろうか。定家が「天の香具山」にまつわる伝承を脳裏に思いうかべているとしても、「天の岩屋戸」伝承くらいしかなく、それは日本書紀によれば「新嘗」祭のころであり、夏の季節感にはそぐわない。

かくして、国文学の世界では完全に行き詰まった解釈しか施せなかったといっても過言ではなかろう。

それでは、「天之香具山」を「香春岳三山」に比定し直すと、どのような実景描写や主題が浮かび上がるであろうか。

まず、香春岳はすべて石灰岩の山と考えてよい。全体が「白く輝く」カグ山にふさわしい。しかも大物主神以来、神々のいます神聖な山であった。白妙は白い栲の布。コウゾ類の木の皮の繊維で織った布で、純白で、つやがある。「白妙の」は後に「衣・袂」に掛かる枕詞となるがこの歌では原義のままである。相当の古歌とみるべきであろう。

春が過ぎ夏が来たらしい。根拠は、香具山の周囲の山々は濃い緑を繁らせ、それとは対照的に香具山だけは夏の強い日差しを受けて、真っ白に輝いていることにある。それはあたかも造化の神がそこだけに「純白のつやのある白妙の衣を乾してある」かのように眼に鮮やかに映るのである。主題はまさしく「眼前に交代する季節感」を現実の実景に捉えた簡勁な描写にこそある。

さらに第八節「聖帝伝説の疑義②」で述べたが、この歌の背景には、仁徳紀の次の記述が深く関わるようである。

『三』（七）年の夏四月の辛未の朔に、天皇、『香山に登りまして』（臺の上に居しまして）、遠に望みたまふに、烟氣多に起つ。是の日に、皇后に語りて曰はく、「朕、既に富めり。更に愁無し」とのたまふ。皇后、對へ諮《まう》したまはく、「何をか富めりと謂ふ」とまうしたまふ。天皇の曰はく、「烟氣、國に滿てり。百姓、自づからに富めるか」とのたまふ。皇后、且《また》言したまはく、「宮垣壞れて、脩むること得ず。殿屋破れて、衣《おほみそ》被《おほみふすま》露《つゆにしほ》る。何をか富めりと謂ふや」とまうしたまふ。天皇の曰はく、「其れ天の君を立つるは、是れ百姓の爲になり。然れば君は百姓を以て本とす。是を以て、古の聖王は、一人も飢ゑ寒ゆるときには、顧みて身を責む。今百姓貧しきは、朕が貧しきなり。百姓富めるは、朕が富めるなり。未だ有らじ、百姓富みて君貧しといふことは」とのたまふ。

宇治天皇が再び天の香具山に登られて望国《くにみ》されたのが、「夏四月」のことである。「春過ぎて夏来たるらし」の時季に完全に一致する。

次に、詠み人が持統天皇、すなわち女帝である。この時、仁徳紀においては、皇后髪長媛が宇治天皇の登山をお見送りなさった可能性が高い。古墳時代の香具山（香春岳三ノ岳）は豊後の火山活動の影響で草木の生えていない真っ白な山肌の山であった。そこを登られる天皇のお姿が小さいながらも視認できたはずである。

したがって、「春過ぎて」の歌の詠み人は、俄然、髪長媛である蓋然性が強くなる。これも、本邦初の知見である。藤原定家が、一番に天智天皇、二番に持統天皇の御製歌を並べたことには、深い意義があったようである。

【新解釈】

春が過ぎて夏が来たらしい。香具山の周囲には濃い緑が繁っているが、それとは対照的に香具山だけは夏の強い日差しを受けて、真っ白に輝いている。それはあたかも造化の神がそこだけに「純白のつやのある白妙の衣を乾してある」かのように眼に鮮やかに映ることよ。その香具山を、天皇が民の暮らしが豊かになったかどうかを確かめる国見のためにお登りになっている、そのお姿が小さいながらも見える。どうか、民の竈が賑わっていますように。

百人一首の百番歌

続いて、いきなり、百番の歌に飛ぶ。

一〇〇　百敷やふるき軒端のしのぶにもなをあまりあるむかし成けり　　順徳院

現代語訳　宮中の、古く荒れた軒端には、忍ぶ草が生えているが、その忍ぶ草を見るにつけても、いくら忍んでも忍びきれない昔の御代であることよ。

鑑賞　景樹が「さしもめでたく富さかえましつる大宮も、いと物さびたる此ごろの大御世のさま、面影みゆるここちして、いともかなしき御製也。……かくもあらびたる大御世に出させ給ひし御すくせのつたなきには、あがりたる世の大宮をば、いかになつかしくも恋しくも忍ばせ給ひけん。思ひ奉りやるもくちをしうはかなからずやは」と感想をもらしている通りである。『紫禁和歌集』には「同比（おなじころ）、二百首和歌」とあり、「同比」とは建保四年（一二一六）七、八月のころであるから、二十歳の作であるが、承久の乱の前の、重苦しい雰囲気の中での述懐歌である。この歌を選び入れたことにも、後鳥羽院の場合と同じく、その悲痛な院の境遇をしのんでのことと思われる。

出典・参考　『続後撰集』雑下、一二〇五。「（題しらず）順徳院御製」として見える。『百人一首』の巻頭に天智天皇と持統天皇の御製二首をおき、巻末に後鳥羽院と順徳院のこれまた御製二首を据えたのは、やはり相照応しているものと見なければならない。『米沢抄』に「ふるきをしのぶとは三皇五帝のためしを願ひ、延喜天暦のまつりことをしたはしめ給所なり」とあり、追慕された昔は延喜・天暦の聖代であろうと見る説が多いが、院の作意は別として『百人一首』としては、吉海直人氏が順徳院が偲ぶ聖代を「天智天皇の御代」とする平間長雅の説を改めて指摘されていることに注意したい（百人一首の新考察）。長雅の説は、架蔵本『小倉山庄色紙形和歌秘々伝』には「此御歌王道ノヲトロヘヌルヲ御歎アル御心ヨリ巻頭ノ天智天皇ノ御代ヲシノブニモ猶アマリアリトアソバシタル也」とある。（傍線は福永）

【新考】

「ふるきをしのぶとは三皇五帝のためしを願ひ」、「王道ノヲトロヘヌルヲ御歎アル御心」を詠まれたのは間違いあるまい。武家が天下を奪わんとする時代に王道の衰えをお嘆きになった歌として異論を挟む余地はない。

しかしながら、「天智天皇の御代」を追慕されたとするのは、いささか瑕疵があると言わざるを得ない。むしろ、天智天皇の御製歌を介して、日本（書）紀に記された「いわゆる仁徳天皇の聖帝の御代」を追慕されたはずだ。「ふるき軒端」には、「茅茨壊るれども葺かず」という「王道」の行なわれた「なを余り有る昔」を偲ばれたと思われるのである。順徳院がそうであるなら、藤原定家もまた、一貫して「聖帝の御世」を、延いては王朝の栄華を称え、且つ偲んだ歌として撰したのであろう。

【新解釈】

宮中の、古く荒れた軒端に「茅茨壊るれども葺かず」という聖帝の御代が忍ばれ、その軒端には忍ぶ草が生えているが、その忍ぶ草を見るにつけても、いくら忍んでも忍びきれない、「王道」の栄えたはるか昔の聖帝の御代であることよ。今や王道の廃れた荒れすさんだ御代に生まれ合わせたわが宿命の拙さが嘆かわしい。

『百人一首』の冒頭の歌と結びの歌には、仁徳紀の聖帝の御世の故事が反映していることは明らかだろう。平安時代の長きにわたって、かくも古墳時代の聖帝の御世は「王道」の実践された理想的な御世として、天皇家からも公家からも追慕されていたのである。

難波津の歌と古今和歌集両序の謎

この『百人一首』の歌留多競技の始まりに必ず詠まれる倭歌がある。

難波津に咲くや木の花冬こもり今は春べと咲くや木の花

〔大意〕難波津に梅の花が咲いています。今こそ春が来たとて梅の花が咲いています。

（『日本古典文学全集』小学館）

この歌は、古今和歌集仮名序に出てくる著名の歌であり、また、この歌を記した奈良時代の木簡が多数出土していることでも有名である。このうち、古今和歌集仮名序は延喜五年（九〇五）に、平安前期の歌人、紀貫之（八六八頃から九四五頃）が醍醐天皇に上奏したものと考えられている。この貫之の「難波津」歌に対する認識がたいそう興味深い。

先に、『日本古典文学大系』（岩波書店）から、「難波津」歌の部分を採る。同書は、定家本（藤原定家の校訂した本）の貞応二年（一二二三）本を底本としている。したがって、『小倉百人一首』とも深く関わる。


なにはづのうたは、みかどのおほむはじめなり。

おほさゝぎのみかど、なにはづにて、みこときこえける時、東宮をたがひにゆづりて、くらゐにつきたまはで、三とせになりにければ、王仁といふ人のいぶかり思ひて、よみてたてまつりける哥也。この花はむめの花をいふなるべし。

あさか山のことばは、うねめのたはぶれよりよみて、
かづらきのおほきみを、みちのおくへ、つかはしたりけるに、くにのつかさ、事おろそかなりとて、まうけなどしたりけれど、すさまじかりければ、うねめなりける女の、かはらけとりて、よめるなり。これにぞ、おほきみのこゝろとけにける。

このふたうたは、うたのちゝはゝのやうにてぞ、てならふ人の、はじめにもしける。

そもそも、うたのさま、むつなり。からのうたにも、かくぞあるべき。そのむくさのひと

つには、そへうた、おほさゝぎのみかどを、そへたてまつれるうた、
なにはづにさくやこのはな冬こもり
いまははるべとさくやこの花、といへるなるべし。

この文字通りの「仮名序」を『日本古典文学全集』（小学館）は次のように漢字表記を交えて分かりやすく直してある。

難波津の歌は、帝の御初めなり。
大鷦鷯の帝、難波津にて皇子と聞えける時、春宮をたがひに譲りて位に即きたまはで、三年になりにければ、王仁といふ人の訝り思ひて、よみて奉りける歌なり。木の花は梅の花をいふなるべし。
安積山の言葉は、采女の戯れよりよみて、
葛城王をみちの奥へ遣はしたりけるに、国の司、事おろそかなりとて、まうけなどしたりけれど、すさまじかりければ、采女なりける女の、土器とりてよめるなり。これにぞ王の心とけにける。
この二歌は、歌の父母のやうにてぞ手習ふ人の初めにもしける。
そもそも、歌のさま、六つなり。唐の詩にもかくぞあるべき。その六種の一つには、そへ歌、大鷦鷯の帝をそへ奉れる歌、
難波津に咲くや木の花冬こもり

今は春べと咲くや木の花、といへるなるべし。

先ず、「難波津の歌は、帝の御初めなり。」の「帝」が長年の過誤である。仮名序はあくまで「みかど」であり、古文献を引けば、「御門」、「朝廷」、「王室」、「皇室」、「帝」等の表記がすぐ得られるのである。ここは、「朝廷」か「皇室」の字を当てるべきであろう。

すると、「難波津の歌は、朝廷の御初めなり。」となり、「難波津の歌は、朝廷の御初め（を祝った歌）である。」というほどの意味になる。多くの国文学者は、「帝（仁徳天皇）の御代の初めを祝った歌」などと解釈してきた。この間違いは、直後の「古注」に拠るからであろう。

仁徳天皇が難波でまだ皇子でいらした時、弟皇子と皇太子の位を互いに譲り合って即位なさらず三年経ってしまったので、王仁という人が不安に思って詠んで差し上げた歌である。木の花は梅の花ということであろう。

（日本古典文学全集）

原文「おほさゝぎのみかど（大鷦鷯の帝）」を勝手に「仁徳天皇」と訳してはならない。紀貫之や古注を付した平安時代の人は、まだ「仁徳」の漢風諡号を知らない虞があるからだ。

一方で、古事記は上・中・下巻に分かれ、下巻は「大雀天皇《おほさざきのすめらみこと》」から始め、豊御食炊屋比売《とよみけかしきやひめの》命《みこと》に終わる。すべて数へて十九天皇。」の注が付されている。これらのことから、紀貫之から藤原定家までの平安貴族は、あるいは、大鷦鷯天皇の「聖帝の御世」からが平安朝の皇系の始まりと認識していたのではなかろうか。『百人一首』にはその傾向が殊更濃厚であった。

「難波津の歌」が奈良時代の木簡に記されていたことが明らかになってきたが、紀貫之の仮名序によれば、朝廷の寿ぎの歌である可能性も考えられるので、多くの木簡に残されていても不思議はない。このとき、古注の末尾に「木の花は梅の花をいふなるべし。」とあるのがいっそう興味深い。歌われたのが「梅の花」であるなら、「朝廷の新春を寿ぐ歌」になり得る。すなわち、「朝廷の二重の御初め」を言祝ぐことになり、まことにめでたい歌となる。平安中期の随筆『枕草子』においても、「木の花は梅。まして紅梅は濃きも薄きも、いとをかし」の一節がある。梅に始まり、桜、藤、卯の花、橘と続く。季節順もさることながら、清少納言にも「難波津の歌」の認識が平安人の常識として脳裏にあったことを疑えない。「木の花」は「梅」である。

続いて、仮名序本文は「安積山の歌」と合わせて、「この二首の歌は歌の父母のようで、手習いをする人が真っ先に習った歌であったそうだ」と記す。

つまり、「難波津の歌」は奈良時代の木簡、平安時代前期の古今倭歌集仮名序を通じてあまりにも有名な歌であった。

ところが、仮名序本文は、「寿ぎの歌」と思われた「難波津の歌」を「そへ歌」と分類する。仮名序は真名序を基にして作られたとされるが、真名序の該当する部分にこうある。

和哥に六義有り。一に曰く風、二に曰く賦、三に曰く比、四に曰く興、五に曰く雅、六に曰く頌。（原漢文）

「そへ歌」を漢詩の「風」に当るとし、「その歌で表面的に詠まれていることと直接関係のない裏の意味を相手に伝えようとした歌」と『日本古典文学全集』は注を付す。その上でこう仮名序を訳す。

《さて、歌の表現形式には六種類あります。それは中国の詩歌にも同様のはずであります。その第一は「そえ歌」で、たとえば、仁徳天皇にそれとなく意見を申し上げるために詠んだ次の歌などでありましょう。

難波津に梅の花が咲いています。今こそ春が来たとて梅の花が咲いています。》

そして、「この歌は表面で春が来て梅の花が咲いたと詠みながら、裏では時期が来て花が咲くように皇位に即くことを勧めているのである。」と解説を付け加えている。はたして、そうだろうか。

他方、真名序の「風」については、「政治などを遠まわしに風刺した詩」と、同書は注している。真名序には、直接、「難波津の歌」が引かれていないが、和歌の分類の後に、それに該当する一文が記されている。

《難波津の什《じふ》を天皇に献じ、富緒川の篇を、太子に報ぜしが如きに至りては、或は事神異に

関り、或は興幽玄に入る。（原漢文）

かの王仁が難波津の歌を大鷦鷯天皇に献じた事跡、飢え人が富緒川の歌を聖徳太子に報じた事跡に至っては、あるいは事が超自然に属し、あるいは興趣が奥深く測り知れない点がある。

（日本古典文学全集を改訳）》

右を「難波津の歌」に絞れば、「難波津の什を天皇に献ぜしは、興幽玄に入る。」となる。この時、「難波津の什」の解釈が古来、間違っていたことに気づかされる。

「什」とは「什物」のことであり、我が国では「由緒ある秘蔵の宝物」をいう。王仁が大鷦鷯天皇に献じた「難波津の什」といえば、おそらく宇治天皇にお教えした所の「諸典籍」を指すのではないだろうか。決して、「難波津の歌」一首ではない。もしもそうであるなら、「難波津の什」の「難波津」とはどこか。大鷦鷯天皇は「難波高津宮」にて即位したから、大鷦鷯天皇の「難波津」を指していないことが先ずは明らかだ。

ここで、前章で追究した、宇治天皇の新宮殿「比良の宮」が「近つ淡海」の「比良の大わだ」にごく近い、という新知見が活きることになる。すなわち、宇治天皇の「比良の宮」は、「近つ淡海（古遠賀湾）の『難波津』」にあり、大鷦鷯天皇の「難波高津宮」は「遠つ淡海（行橋市辺りの古代入江）の『難波津』」にあったことになる。王仁が大鷦鷯天皇に献じた「難波津の什」とは、なぜか在位三年で崩御された「宇治天皇」の、「比良の難波津宮」に残された「由緒ある秘蔵の諸典籍」に他ならなかったようである。

古今集真名序の真意は、「王仁が宇治天皇の比良の難波津宮に残された由緒ある秘蔵の諸典籍を大鷦鷯天皇に献じた事跡に至っては、その興り（始まり）はもはや測り知ることができない。」ということになる。

それが、仮名序の古注もそうだが、西暦十二世紀中頃の『和歌童蒙抄』にも「古万葉集に云ふ、新羅人王仁が大鷦鷯天皇に奉れる歌なり」との記事が見え、平安中期には「王仁が難波津の歌を大鷦鷯天皇に奉った」と変容している。紀貫之は、仮名序本文において、「なにはづのうたは、みかどのおほむはじめなり。」と「おほさゝぎのみかどを、そへたてまつれるうた」との二点しか記していない。はたして、「難波津の歌は、朝廷の御初めを祝った」という内容と、「大鷦鷯天皇の政治を風刺し申し上げた歌」との内容は両立するのであろうか。

まず、「朝廷の御初めを祝った」ことについては、王仁が宇治天皇に奉った歌であるなら申し分ない。新解釈の前にもう一つ、「冬こもり」の語釈をやっておかなければならない。なぜなら、「冬こもり」の語こそが「難波津の歌」の要であるからだ。次は、『萬葉集注釋』巻一・十六番歌の注である。

《【訓釋】冬こもり―春の枕詞。原文「冬木成」とあるが、「冬隠　春去來之」（十・一八二四）ともあってフユコモリと訓む。もと「成」は「盛」の誤字といふ説もあったが、攷證に釋名（四）釋言語の條に「成盛也」とあるのなどを引用して成と盛と通ずる事を述べて、成のまゝでモリと訓んだのが正しい。類聚古集には「盛」とあり、巻十三（三二二一）にも同様になってゐるが、これは「成」では訓みにくい爲に「盛」の文字に改めたものと思はれる（八・一四一八参照）。意は「盛」の義で冬の枯木が盛つて春になる意で「春」に冠した。「冬籠」の文字により「冬は萬づの物内に寵て、春を得てはりづるより、このことば、あり」（考）といふ説が有力であったが、「冬籠」の文字は借字であり「冬木成」の用字の方が古く、この文字によつて解くべきだと考へる。「百樹成」（六・一〇五三）の語も参考になる。くしくは『冬木成』攷」（『古徑』三）を参照せられたい。古今集以後に見える「冬ごもり」は別語である。》

つまり、「冬こもり」とは、「冬は木の芽が盛り上がる」というほどの意味であろう。この意味が知られると、仮名序の「そへ歌」の意味も、「難波津の歌」の真意も見えて来そうだ。

難波津の歌の新解釈と後世への影響

難波津に咲くや木の花冬木成今は春べと咲くや木の花

【新解釈一】朝廷の御初めを祝った歌

宇治天皇の新宮殿である岡（遠賀）の海の難波津にある比良の宮に咲き誇っているよ、梅の花が。ちょうど、冬、木の芽が盛り上がるように、宇治帝が三年間、人民の課役を科せられずに、雨漏りのする粗末な宇治の京の仮廬のような宮殿で過ごされ、その間に人民は富み、やがて炊煙が盛んに立つようになった。天皇は人民と共に富み栄え、新宮殿の成った今を、聖帝の御世の春（勢いの盛んな時期）と讃えるかのように、咲き誇っているよ、梅の花が。

【新解釈二】大鷦鷯天皇の政治を風刺し申し上げた歌

大鷦鷯天皇の遠つ淡海にある難波高津の宮には咲き誇っていますか、梅の花が。いや、決して咲きますまい。冬、木の芽が盛り上がるように、かの宇治帝が三年間、人民の課役を科せられずに、雨漏りのする粗末な宇治の京の仮廬のような宮殿で過ごされ、その間に人民は富み、やがて炊煙が盛んに立つようになった、あの聖帝の御世を継承できますか。大鷦鷯天皇の御世となった今を春と讃えて咲き誇っていますか、梅の花は。人民と共に富み栄えることがなければ、梅の花は決して咲きますまい。

「難波津の歌」が、真に「王仁」の作であるなら、宇治天皇（＝真実の仁徳天皇）の御世を祝ったのが本来の真意であり、宇治天皇の非業の死後に「難波津の什物」を大鷦鷯天皇に献上せざるを得なくなった時に、難波津の歌は一転して「添へ歌」となり、「政治を風刺し申し上げた歌」と化した。

紀貫之はその真意を知っていたようだが、日本書紀成立後の平安朝においては「大鷦鷯天皇＝仁徳天皇」とされたから、早くに「そへ歌」の真意が忘れ去られたようだ。その結果、「なにはづのうたは、みかどのおほむはじめなり。」の方だけが伝えられ今日に至ったようである。しかし、人々は宇治天皇の御世こそ忘れ去ったが、聖帝記事を歴史事実として敬慕し続け、王仁の「難波津の歌」自身も後世に多大の影響を及ぼしたのである。
次は、「千人万首」というサイトにある歌群である。

冬ごもり忍ぶとすれば難波津に咲くや木の花ちりもこそすれ　（馬内侍集）
難波津に冬ごもりせし花なれや平野の松にふれる白雪　藤原家隆（続古今）
難波江にさくやこの花白妙の秋なき浪をてらす月かげ　（藤原定家）
難波津に咲くやむかしの梅の花今も春なるうら風ぞ吹く　九条良経（新勅撰）
難波津にさくやこの花朝霞春たつ波にかをる春風　（後鳥羽院）
難波江や冬ごもりせし梅が香のよもにみちくる春の汐風　藤原為家（続千載）
難波津の昔の風はことなれど我が世春べとさくや梅がえ　後宇多院（新千載）
時ならぬうつ木垣根の冬籠り咲くや此の花雪とみえつつ　（宗良親王）
難波津のむかしをかけて匂ふなりあれにし里に咲くや此の花　（後崇光院）
民の戸のけぶりを見てもなには人なみになこひそさくや此の花　（正徹）

散るもののさりとてたえぬながめかな春いくかへり咲くやこの花　（細川幽斎）
春といへばなにはのことも種となる心の花にさくやこの花　（飛鳥井雅章）
蘆がきのまぢかき春の隣より雪にまじりて咲くや此の花　（後西院）
浪速津にさくやの雨やはなの春　（宗因）
先づ祝へ梅を心の冬籠り　（芭蕉）
難波津や田螺の蓋も冬ごもり　（芭蕉）
豊秋津みづほの国にみづ枝さし咲き栄えゆく花はこの花　（栗田土満）
桜さへ今はさかせて難波人梅が香そふる冬ごもりかな　（加納諸平）
うれしくも年のはじめのけふの日の名におひいでてさくやこの花　（大隈言道）
冬ごもりこらへこらへて一時に花咲きみてる春は来るらし　（野村望東尼）
難波津に咲く木の花の道ながら葎繁りき君が行くまで　（与謝野晶子）

おわりに

仁徳紀の聖帝伝説は、長らく、大鷦鷯天皇を仁徳天皇と思い込まされ、その仁徳をあらわす一連の話とされてきた。古事記にも同じ話があるところから、「この仁徳天皇の善政の記事は、記紀共に漢文調の文飾が著しく、津田左右吉が指摘したように、天皇を堯舜のような儒教式聖帝として描き出している。」とも指摘されてきた。そして、「このような聖天子としての仁徳天皇に対して、その皇系の最後に当る武烈天皇についてはこれを書紀では暴虐の君主として描き、両者を対比させていることが認められよう。」（日本古典文学大系頭注）とまで言われ続けた。

だが、「真実の仁徳天皇」が実は「宇治天皇」だとする今回の論考は、わが国の古代史をまたも根底から覆すものとなろう。その上、大鷦鷯天皇が実は暴虐の君主であることを暴いたことによって、武列天皇即ち和風諡号「小泊瀬稚鷦鷯天皇」までの「サザキ」の皇系は、共通して暴虐の皇系ということになり、それが大義名分となって繼體天皇の革命王朝が出現したとの繼體朝の本来の構成までも窺がわれるようだ。決して、「ワカサザキ」だけが暴虐の君主ではなかったようだ。

九州王朝論で知られる古田武彦氏は、大鷦鷯のクーデターには気付いたようだが、その著『日本列島の大王たち　古代は輝いていたⅡ』において、同事件を「第五部　記紀世界の近畿王朝」のこととしている。とんでもない間違いであろう。倭歌を知らない者は九州の歴史を語ることはできないのだ。

また、仁徳天皇を祀る神社が若宮八幡宮とか若八幡宮として豊前・豊後に多いが、日本書紀の成立後に大鷦鷯天皇に掏り替えられた可能性が高く、本来は「宇治天皇」が祀られていたのではなかろうかと思われるのである。

古代史の解明には倭歌の解明が必要不可欠と思われる。古代史研究者も上代文学研究者も、共に両者の分野を画すよりも、今一度、江戸国学の原点に回帰する必要があるのではないだろうか。

倭歌と歴史は表裏一体のものである。

参考文献（主なもの。他は文中に記した。）

○『萬葉集注釋』澤瀉久孝（中央公論社）

○日本古典文学大系「古今和歌集」（岩波書店）

○日本古典文学大系「日本書紀」、「古事記　祝詞」、「風土記」（岩波書店）

◎参考

聖帝伝説誕生の背景——三—五世紀の気候変化

高見　大地

万葉集の解明により、真実の仁徳天皇は宇治天皇ではないかとの福永氏の画期的な論考に刺激を受けて、改めて聖帝伝説誕生の背景について考えて見た。宇治天皇は応神天皇の御子なので、その御代は四世紀末ないし五世紀初頭と考えられる。中国大陸は、三世紀半ば以降は寒冷乾燥気候の影響で周辺の異民族が活動を開始、六世紀末の隋による統一までは五胡十六国から南北朝と分裂、動乱の時代だった。ことほど左様に気候は歴史に影響を与えるので[1]、飢餓から豊穣へと劇的変化を行ったという聖帝伝説を気候面からアプローチしてみた。なお、本論では、福永説に従って、歴史の主舞台を北部九州に置いている。

さて、宇治天皇の御代をはさむ三世紀から五世紀の気候は、日本列島も寒冷であったらしい。阪口は、尾瀬ヶ原で採取した泥炭柱試料の花粉分析から、三世紀後半以降に寒冷化が進み、四世紀（三九〇年）にやや気温の上昇が見られるが、その後八世紀に至るまで寒冷であったとし、これを古墳寒冷期と名づけた[2]。

福澤らは若狭湾に近い水月湖の完新世細粒堆積物を用いて、過去二〇〇〇年間の風成塵・海水準および降水の変動を求めたが、図1は中国大陸の乾湿変動（石英／イライト比）と若狭湾沿岸の降水変動（緑泥石／イライト比）を示す[3]。西暦三世紀から五世紀までの西南日本の気候を図1の降水変動と花粉解析による寒暖変動を組み合わせて解釈すると次のようになる。三世紀になると降水量が増えて寒冷乾燥気候から湿潤温暖化したが、三世紀半ばからは寒冷乾燥化に向かった。この乾燥化は四世紀のはじめに底を打ち、その後は降水量が次第に増え、四世紀末ごろに極大となった。四世紀末は短くはあったが温暖な期間でもあった。五世紀

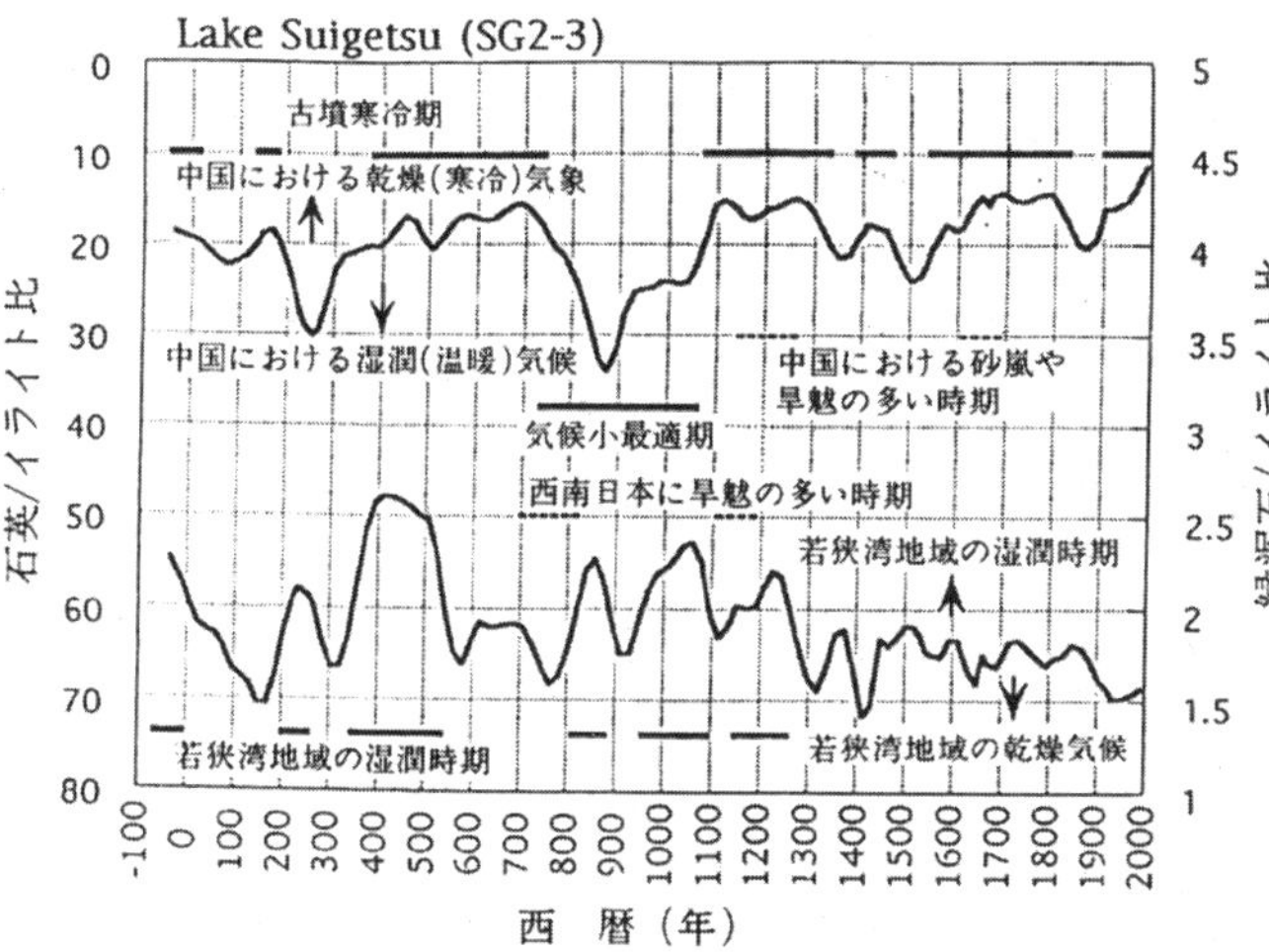

図1　水月湖で検出された中国大陸の乾湿変動と若狭湾沿岸の降水変動（福澤ら、1995[3]より）

になると再び寒冷化に向かい、降水量はゆるやかに減少しはじめた。

このように古気象のデータは、宇治天皇の御代が降水量も多く温暖で、稲の生育に適した大変幸運な時期であったことを示している。しかし、聖帝としての業績を強調する御代の始まりの飢餓状態は何だったのだろうか。図1によれば、四世紀の初めから、降水量が増え、寒冷気候から温暖気候に向かっているので、農作物の生産量が宇治天皇の御代の前後でそれほど劇的な差は生じないように思われる。ここで想起されるのは、神功皇后（仲哀天皇も）から、戦争、内乱、半島への進出、渡来人の帰化と大きな社会変動があったことである。すなわち、四世紀初頭は、単純な乾燥気候ではなく、大災害といった何か社会変動を起こすような別の環境要因が加わり、そのために農作物の生産が数十年間低迷していた可能性がある。

日本書記を逆にたどって異常現象を探したところ、神功皇后紀摂政元年二月に「是のときに適りて、昼の暗きこと夜の如くして、すでに多くの日を經ぬ。時人の曰く、『常夜行く』といふなり」という記述を見出した。筆者は天岩戸神話を大噴火（由布／九重火山）による暗闇という仮説を提案しているが、(4) この暗闇もやはり火山灰の大量放出による暗闇ではないだろうか。忍熊王の兄、麛坂王が大国主命と同じく火山弾と思われる赤猪に当たって亡くなっていることも火山説を補強しているように見える。書紀の通りなら、皇后は大噴火中に戦争を続行していることになるが、実際の大噴火は、それ以前の成務天皇の時代に起こったのではないかと筆者は考えている。(4) それは、成務天皇紀がこの時代の他の天皇紀と比べて異常に記事が少なく、大災害で記録が残せなかった可能性が考えられるからである。

さて、ここで四世紀はじめの乾燥化が由布／九重火山の活動で成層圏に吹き上げられた大量の火山灰や火山ガスによると仮定して、四世紀に起こった事件を再現してみよう。噴火により、北部九州にあった倭国は壊滅的な被害をうけ、外敵（神功皇后）の侵略で滅亡した[5]。しかし、そこには侵略者自身も住めないので、彼等は都を偏西風の風上にある筑後の水沼[5]に作った。この火山災害の被害はあまりにも大きく、荒廃した田畑や水路の復旧がなかなか進まなかったので、気候が回復しても農作物の生産までは手が届かなかった。そのため、多数の倭人が朝鮮半島に入植していった。一般に朝鮮半島の降水量は倭国よりは少ないが、この時期はまだ稲作が可能であった。寒冷乾燥化がひどくなった六世紀半ばには倭国から半島へ何回も米麦が送られたが、この時期には半島から朝貢という形で農作物が倭国に送られた。一方倭国では神功期には西方の筑紫に裂田溝を、応神期には帰化人を動員して筑豊地域に韓人池、剣池、軽池、鹿垣池、厩坂池などを作っていることから、荒廃した水田も被害の小さかった西方から徐々に復旧され、それに伴って農業生産も次第に軌道に乗っていったものと考えられる。宇治天皇の時代になると、福智山山地以西の田畑はほぼ復旧し、全面的に農業生産ができるようになったのだろう。次の大鷦鷯天皇の時代にはさらに東進し、行橋市入覚付近に都（高津宮）を置いて、最後まで残っていた倭国で最も被害の大きかった周防灘沿岸地域の復旧を行った。これに対して、半島の稲作の方は大陸の寒冷乾燥化の影響を受け、広開土王との対戦を境に徐々に南下退却していった。

以上、書紀のほかに、古気象のデータ、火山仮説を合わせて考察すると、宇治天皇は本人の資質だけでなく、大変幸運な時期に生まれ合わせたという物語が組み立てられる。被災した田地の復旧工事は、応神天皇までに筑紫から田川盆地まではあらかた終わり、最後に行橋方面の工事だけが残っていた。この段階で、宇治天皇はすぐに次の工事を始めず、高度の政治的判断で、一旦三年間の休息期間を与え、農民が農業に専心できるようにした。幸運なことには、気候は温暖で降雨量も多かったので豊作が続いた。このような物語が実際に起こったとしたら、たぶん聖帝と言われるのではないかと思われる。この逆が皇極・斎明天皇だろう。気の毒なことには、善光寺縁起絵傳に地獄に落ちたという伝承が書き記されている。しかし、悪評の高い怪奇現象や大工事は、鶴見火山の噴火で被災したことによるものと筆者は考えている。(6)

参考文献

（1）吉野正敏・安田喜憲、講座「文明と環境」6『歴史と気候』、朝倉書店（一九九八）

（2）阪口豊『尾瀬ヶ原の自然史』、中央公論社（一九八九）

阪口豊「過去1万3000年間の気候変化と人間の歴史」、講座「文明と環境」6『歴史と気

候』、朝倉書店（一九九八）

（3）福澤仁之、小泉格、岡村真、安田喜憲「水月湖細粒堆積物に認められる過去２０００年間の風成塵・海水準・降水変動の記録」、地学雑誌、１０３（1）、pp.52-64（一九九五）

福澤仁之、安田喜憲「水月湖の細粒堆積物で検出された過去二〇〇〇年間の気候変動」、講座「文明と環境」６『歴史と気候』、朝倉書店（一九九八）

（4）桜井貴子「『記紀』から推測した弥生期の由布および九重火山の活動」、歴史地震23、pp.172-190（二〇〇八）

高見大地「記紀に記された火山災害と日本の古代史」、越境としての古代３号、pp.177-222（二〇〇五）

（5）福永晋三「東西五月行（統一倭国）の成立」、越境としての古代3号、pp.18-66（二〇〇五）

（6）桜井貴子「『日本書紀』から推測した7世紀の火山活動」、歴史地震24、pp.171-180（二〇〇九）

Ⅳ

鶺鴒《さざき》取らさね

蔽い隠された皇位継承戦争の悲劇

はじめに――拙論「真実の仁徳天皇」要点

真に亀の歩みの如き鈍さではある。平成二十二年四月、「神功皇后紀を読む会」において、

乃ち（大山守皇子を）那羅山に葬る。既にして（太子菟道稚郎子）宮室を菟道《うぢ》に興てて居《ま》します。猶ほ位を大鷦鷯尊に譲りますに由りて、以て久しく皇位に即きまさず。爰に皇位空しくして、既に三載を經ぬ。時に海人有り。鮮魚の苞苴《おほにへ》を齎ちて、菟道宮に獻る。

の部分から、「真実の仁徳天皇」たる「宇治天皇」とその京である「宇治宮」（福岡県田川郡香春町字宮原）を千数百年ぶりに史実として回復した。

そこから先ず「聖帝伝説」の史実と百人一首の一・二番歌の真意を突き止めた。

一　秋の田のかりほの庵のとまをあらみわがころもでは露にぬれつゝ　　天智天皇

【新解釈】

秋の田の稲穂を刈り、その藁を苫に編み、仮廬のようなわが宮殿の屋根を葺くが、苫の目が粗いので時々、わが袖は漏れ来る雨露に濡れることだ。それでも、朕は民の暮らしが豊かならんことを願う。（宇治天皇の聖帝伝説がモチーフとなっていた）

二　春過ぎて夏来にけらし白妙の衣ほすてふ天の香具山　　持統天皇

春過ぎて夏来たるらし白妙の衣乾したり天の香具山　　（万二八）

【新解釈】

春が過ぎて夏が来たらしい。周囲には濃い緑が繁っているが、それとは対照的に香具山（福岡県田川郡香春町香春岳三ノ岳）だけは夏の強い日差しを受けて、全山が真っ白に輝いている。それはあたかも造化の神がそこだけに「純白のつやのある白妙の衣を乾してある」かのように眼に鮮やかに映ることよ。その香具山を、宇治天皇が民の暮らしが豊かになったかどうかを確かめる国見のためにお登りになっている、そのお姿が小さいながらも見える。どうか、民の竈が賑わっていますように。（元は、宇治天皇の后だった髪長媛が天皇の国見をお見送りした歌と考えられる。）

次に、大鷦鷯尊の宇治天皇謀殺（?）及び髪長媛に対しての「妻争い」を明らかにした。宇治天皇謀殺（?）には、「難波津の歌」が関係していたようだ。

難波津に咲くや木の花冬木成今は春べと咲くや木の花　　王仁

【新解釈一】 朝廷の御初めを祝った歌

宇治天皇の新宮殿である岡（遠賀）の海の難波津にある比良の宮に咲き誇っているよ、梅の花が。ちょうど、冬、木の芽が盛り上がるように、宇治帝が三年間、人民に課役を科せられずに、雨漏りのする粗末な宇治の京の仮廬のような宮殿で過ごされ、その間に人民は富み、やがて炊煙が盛んに立つようになった。天皇は人民と共に富み栄え、新宮殿の成った今を、聖帝の御世の春（勢いの盛んな時期）と讃えるかのように、咲き誇っているよ、梅の花が。

【新解釈二】 大鷦鷯天皇の政治を風刺し申し上げた歌

大鷦鷯天皇の遠つ淡海にある難波高津の宮には咲き誇っていますか、梅の花が。いや、決して咲きますまい。冬、木の芽が盛り上がるように、かの宇治帝が三年間、人民に課役を科せられずに、雨漏りのする粗末な宇治の京の仮廬のような宮殿で過ごされ、その間に人民は富み、やがて炊煙が盛んに立つようになった、あの聖帝の御世を継承できますか。大鷦鷯天皇の御世となった今を春と讃えて咲き誇っていますか、梅の花は。人民と共に富み栄えることがなければ、梅の花は決して咲きますまい。

他にも、「三山歌」は、実は、大鷦鷯尊の「妻争い」を詠ってあり、「舒明国見歌」は、実は、宇治天皇の国見歌であった等々、十数首の倭歌（万葉・記紀歌謡）の新解釈を試みた。いずれも本邦初の新解釈ばかりである。

だが、拙論「真実の仁徳天皇」はまだ終わりではなかった。仁徳紀・仁徳記にはさらに驚愕の事実が語られていた。

一、宇治天皇の同母妹

太子菟道稚郎子の自殺

宇治天皇の死は、紀において次のように大鷦鷯尊の美談に仕立て上げられていた。

猶ほ位を大鷦鷯尊に讓りますに由りて、以て久しく皇位に即きまさず。爰に皇位空しくし

て、既に三載を經ぬ。（海人の苞苴献上譚、中略）

太子曰はく、「我、兄王の志を奪ふべからざるを知れり。豈に久しく生きて、天下を煩はさむや」とのたまひて、乃ち自ら死にたまひぬ。時に大鷦鷯尊、太子薨じたまひぬと聞こして、以て驚きて、難波より馳せて、菟道宮に到ります。爰に太子薨じまして三日を經たり。時に大鷦鷯尊、摽擗《みむねう》ち叫《おら》び哭きたまひて、所如知《せむすべ》らず。乃ち髪を解き屍に跨りて、三たび呼びて曰はく、「我が弟の皇子」とのたまふ。乃ち應時にして活きたまひぬ。自ら起きて居します。爰に大鷦鷯尊、太子に語りて曰はく、「悲しきかも、惜しきかも。何の所以にか自ら逝きます。若《も》し死にぬる者、知有らば、先帝、我を何謂《いかがおもほ》さむや」とのたまふ。乃ち太子、兄王に啓して曰したまはく、「天命なり。誰か能く留めむ。若し天皇の御所《おほみもと》に向《まうでいた》ること有らば、具さに兄王の聖にして、且《しばしば》讓りますこと有しませることを奏さむ。然るに聖王、我死にたりと聞こしめして、遠路を急ぎ馳《い》でませり。豈に勞ひたてまつること無きこと得むや」とまうしたまひて、乃ち同母妹八田皇女を進りて曰はく、「納采《あと》ふるに足らずと雖も、僅かに掖庭の數に充てたまへ」とのたまふ。乃ち且《また》棺に伏して薨じましぬ。是に、大鷦鷯尊、素服たてまつりて、發哀《かなし》びたまひて、哭したまふこと甚だ慟《す》ぎたり。仍りて菟道の山の上に葬りまつる。（原漢文、中略・傍線は福永）

右の三年の空位が造作で、この間が宇治天皇の在位期間であることを抜き出した。仁徳記に云う「高山（かぐやま）」に登って国見をなさり、民の竈から炊煙の上がってないのを嘆かれ、三年税を取られなかったという「聖帝伝説」の真の主が宇治天皇であったことを終に突き止めた。拙論「真実の仁徳天皇」と題した所以である。

したがって、「太子菟道稚郎子の自殺」こそ仁徳紀の捏造もしくは改竄であった。捏造はさらに続く。一旦身罷った太子菟道稚郎子が大鷦鷯尊の魂招きに応じてにわかに生き返り、同母妹の八田皇女を大鷦鷯尊の後宮に進めてから薨去する点である。

これは、宇治天皇を謀殺したかも知れない大鷦鷯尊が皇位に即く正当性を主張するために造作された伏線であろうと思われる。異母弟である宇治天皇の後を継ぐ（嗣ぐではない）には、宇治帝の同母妹八田皇女との婚姻が不可欠の条件であったようだ。この時代はまだ母系社会の色が濃く、外戚の影響が強かったのであろう。

八田皇女

宇治天皇（太子菟道稚郎子）と八田皇女は、父が應神天皇、母が和珥臣の祖日触使主の女宮主宅媛である。八田皇女は應神紀二年条では「矢田皇女」と表記され、應神記では「八田若郎女」と表記され、仁徳紀で「八田皇女」と表記される。母「宮主宅媛」は、應神記では「宮主矢河枝比売」とあり、次の伝記が残されている。

故木幡村に到り坐す時に、麗美しき嬢子《をとめ》、其の道衢《ちまた》に遇へり。尓《しか》して天皇、其の嬢子を問ひて曰りたまはく、「汝は誰が子ぞ」とのりたまふ。答へて白さく、「丸迩之比布礼能意富美が女《むすめ》、名は宮主矢河枝比売」とまをす。天皇其の嬢子に詔りたまはく、「吾明日還り幸でまさむ時、汝が家に入り坐さむ」とのりたまふ。故矢河枝比売、委曲《つぶさ》に其の父に語る。是に父答へて曰く、「是は天皇に坐すなり。恐《かしこ》し、我が子仕へ奉れ」と云ひて、其の家を厳餝《かざ》り、候ひ侍てば、明日入り坐しき。故大御饗《おほみあへ》を献る時に、其の女矢河枝比売命に大御酒盞を取らしめて献る。是に天皇、其の大御酒盞を取らしめしまにまに、御歌に曰りたまはく、

この蟹や　何処の蟹　百伝ふ　角鹿の蟹　横さらふ　何処に到る　伊知遅島　美島に着き　鳰鳥の　潜き息づき　しなだゆふ　佐佐那美道を　すくすくと　我が行ませばや　木幡の道に　遇はしし嬢子　後方は　小楯ろかも　歯並みは　椎菱なす　櫟井《いちひゐ》の丸迩坂《わにさ》の土《に》を　初土《はつに》は　膚赤らけみ　底土《しはに》は　丹黒き故　三つ栗の　その中つ土を頭突《かぶ》く　真火には当てず　眉画き　濃に書き垂れ　遇はしし女　かもがと　我が見し児ら　かくもがと　我が見し児に　うたたけだに　向かひ居るかも　い副ひ居るかも

此く御合して、生みませる御子、宇遅能和紀郎子なり。

この宮主矢河枝比売の記録は日本書紀には全く書かれていない。また、「蟹の歌」も求愛の

歌であることは分かっているが、その真意は未だに解釈できないでいる。「角鹿の蟹」というキーワードの寓意が解けないのである。

ただ、應神の最も寵愛した宮主矢河枝比売（宮主宅媛）の子が太子菟道稚郎子である。その事実が皇子大鷦鷯尊の即位の不当性を暗示する。正統ではなかったらしい大鷦鷯尊を仁徳天皇に仕立てるために、記紀の編者は共に「太子菟道稚郎子の即位」を消した。一方で、古事記は母「宮主矢河枝比売」の伝記を残したが、日本書紀は「宮主宅媛」の記事を削除した。どうやら、日本書紀の「宇治天皇隠し」の方が徹底していたようである。

もしも、古事記が失われ、日本書紀だけが残されていたとしたら、「真実の仁徳天皇」は永遠に探索も解明もすることができなかっただろう。

二、仁徳紀の八田皇女の運命①

二十二年後の入内

宇治天皇の同母妹八田皇女は、仁徳紀（書紀の構想から言えば「大鷦鷯天皇紀」）において実に不可思議な運命を辿る。

①（太子菟道稚郎子）乃ち同母妹八田皇女を進りて曰はく、「納采《あと》ふるに足らずと雖も、僅かに掖庭の數に充てたまへ」とのたまふ。（即位前紀）

前述したとおり、この部分は書紀の造作のようである。古事記には無い。太子菟道稚郎子（実は即位して宇治天皇）は、自殺させられた上に、同母妹を大鷦鷯天皇の後宮に差し出す役割まで負わされる。およそ、史実ではないだろう。

②廿二年の春正月に、天皇、皇后に語りて曰はく、「八田皇女を納れて將に妃と爲む」とのたまふ。時に皇后聽かず。爰に天皇歌ひて、以て皇后に乞ひて曰はく、

貴人《うまひと》の　立つる言立　儲弦《うさゆづる》　絶え間繼がむに　並べてもがも

皇后、答歌して曰したまはく、

衣こそ　二重も良き　さ夜床を　並べむ君は　畏きろかも

天皇、又歌ひて曰はく、

押し照る　難波の崎の　並び濱　並べむとこそ　その子は有りけめ

皇后、答歌して曰したまはく、

夏蠶《なつむし》の　蠶《ひむし》の衣　二重著て　圍み宿りは　豈良くもあらず

天皇、又歌ひて曰はく、

朝嬬の　避介の小坂を　片泣きに　道行く者も　偶《たぐ》ひてぞ良き

皇后、遂に聴さじと謂ほして、故、默して亦答言したまはず。

太子菟道稚郎子の勧めがあって、何と二十二年も経過してから、大鷦鷯天皇は八田皇女を妃にしようとする。今日まで、この不自然さを説明した学者は私の知る限り皆無である。太子菟道稚郎子の正統の後継者たらんとした大鷦鷯にとって、①の記事の後、二十二年も齢を重ねた八田皇女との間に子を儲けるのすら難しい。甚だしい矛盾であろう。他方、後掲の古事記の〔皇后石之比売命〕の記事では、八田皇女を宮に納れるのは大鷦鷯即位直後の話となっているので、時間的な矛盾は一切無い。

歌謡四六の解明

その古事記の時系列に合わせて、書紀の①と②の記事を、間を飛ばして直接並べた途端に、

貴人《うまひと》の　立つる言立　儲弦《うさゆづる》　絶え間繼がむに　並べてもがも

の歌謡の意味が自然に解けたのである。日本古典文学大系の頭注にはこのようにある。

〔歌謡四六〕私がはっきり表明する決心はこんなことだ。予備の弦なのだから、本物が切れた時だけ使う（つまり、お前がいない時にだけ八田皇女に逢う）つもりだが、そういうことでこの八田皇女を迎えたい。タツルコトダテは、噂や教訓や決意などをすべて明確な形で言表することをいう。ここは「儲弦絶え間継がむ」がその内容である。但しウマヒトは、仁徳天皇自身を表わすものとも、世間にこんな言葉があるの意ともとれる。（後略）

書紀の①②の記事が、古事記のように本来直結しているなら、ウマヒトは明らかに「太子菟道稚郎子（宇治天皇）」を指し、タツルコトダテは、確実に「納采《あと》ふるに足らずと雖も、僅かに掖庭の數に充てたまへ」の遺言に他ならない。この歌謡の使い方から考えても、①②の記事は本来直結していたと推測されるのである。

すると、歌の本意はこうである。

太子菟道稚郎子（宇治天皇）が遺言で表明されたように、予備の弦なのだから、本物が切れた時だけ使う（つまり、お前がいない時にだけ八田皇女に逢う）つもりだが、そういうことでこの八田皇女を妃として迎えたい。

これも千数百年振りの復元であろう。しかし、皇后に対する失礼の程に変わりは無い。ただ、書紀歌謡四六から五〇までは古事記に採られていないので、体系本の頭注を再掲する。

〔歌謡四七〕着物こそ二重重ねて着るのもよいけれど、夜床を並べようとなさるあなたは、怖ろしいお方です。

〔歌謡四八〕難波の崎の並び浜のように、私と二人並んでいられるだろうと、その子（八田皇女）は思っていただろうに。

〔歌謡四九〕夏の蚕が繭を二重着て、囲んで宿る（ように、二人の女を侍せしめる）のは、良くありません。

〔歌謡五〇〕朝妻の避介の坂を半泣きに歩いて行く者も、二人並んで行く道づれがあるのが良い。

最後に、皇后は許すまいと思って口をつぐんでしまう。

つまり、当初、八田皇女は皇后の強い嫉妬に遭い、妃になれなかった。

なお、「難波の崎」は大芝英雄氏の探された、行橋市がかつて入江であったころの「難波」の崎であり、高見大地氏はその入り江の南方に、三叉のフォーク状の「並び浜」の地形を確認されている。また、朝妻も奈良県南葛城郡葛城村大字朝妻の地とされてきたが、福岡県久留米市御井朝妻の地を筆頭に考慮すべきであろう。あるいは旧京都郡のどこかに朝妻の地があったかも知れない。

三、仁徳紀の八田皇女の運命②

三十年後の再入内

③卅年の秋九月の乙卯の朔乙丑に、皇后、紀國に遊行でまして、熊野岬に到りて、即ち其の處の御綱葉《みつなかしは》を取りて還りませり。是に、天皇、皇后の不在を伺ひて、八田皇女を娶して、宮の中に納れたまふ。時に皇后、難波濟に到りて、天皇、八田皇女を合しつと聞こしめして、大きに恨みたまふ。則ち其の採れる御綱葉を海に投じて、著岸したまはず。故、時人、葉を散らしし海を號けて、葉濟《かしはのわたり》と曰ふ。

②の廿二年の春正月の記事において、磐之媛皇后に入内をきっぱり断られたはずの八田皇女は、③の卅年の秋九月の記事において、いきなり「八田皇女を娶して、宮の中に納れたまふ」結果となる。入内してしまうのである。この間が八年とまた間延びし過ぎている。

ところが、古事記の方では③に該当する記事からいきなり始まる。八田皇女は端から皇后の留守中に宮に入るのである。日本書紀①②の記事は繰り返すが古事記には無い。次が、古事記の日本書紀③の記事に該当する部分である。角川ソフィア文庫から引用する。

〔皇后石之比売命〕①

此れより後時に、大后豊樂《とよのあかり》したまはむと爲て、御綱柏《みつながしは》を採りに、木國に幸行《い》でましし間に、天皇、八田若郎女《やたのわかいらつめ》を婚《ま》きたまふ。是に大后、御綱柏を御船に積み盈《み》て、還り幸《い》でます時に、水取司《もひとりのつかさ》に駈せ使はゆる、吉備國の兒嶋の郡の仕丁《よほろ》、是れ己が國に退《まか》るに、難波の大渡に、後れたる倉人女の船に遇ふ。乃ち語りて云はく、「天皇《おほきみ》は、此日《このごろ》八田若郎女を婚きたまひて、晝夜戯遊《たはぶ》れます。もし大后は此の事を聞こし看《め》さねかも、静かに遊び幸行でます」といふ。爾《しか》して其の倉人女、此の語る言を聞き、即ち御船に追ひ近づき、白《まを》す状《さま》具に仕丁の言の如し。是に大后いたく恨み怒り、其の御船に載せたる御綱柏は、悉く海に投げ棄てたまふ。故、其地に號けて御津前と謂ふ。

右の古事記の記事を手掛かりにして、日本書紀の①太子菟道稚郎子が同母妹を大鷦鷯天皇の後宮に差し出す遺言をする場面と②廿二年の春正月の記事、磐之媛皇后が八田皇女の入内をきっぱり断る場面とが直結する可能性を推理し得たのである。

さらに、②の廿二年の春正月の記事と③の卅年の秋九月の記事とは、実は十中八九、同年の春秋の出来事であり、春に入内を断られた八田皇女を秋の皇后の留守中に宮に納れたとの話だと推測することができる。

つまり、①と②・③の記事も実は連続していたことが知られるのである。すると、①の記事から②・③の記事までは一両年も経たないことになる。この仮定が正しければ、本来の仁徳紀（大鷦鷯天皇紀）において、むしろ強調されていたのは、大鷦鷯天皇が菟道稚郎子の同母妹を何が何でも入内させようとした一点にあったはずだ。

そうなると、奇怪な点が際立つ。八田皇女は、同母兄菟道稚郎子が大鷦鷯に謀殺されたかも知れぬのに、容易に大鷦鷯の求婚を受け入れていることになりはしないか。彼女は、兄の死の真相を全く知らされなかったのだろうか。大きな謎が残る。

記紀の齟齬

日本書紀③の記事と古事記の該当箇所の記事とは、明らかに古事記の方が詳しい。微妙な違いを二点述べておく。

先ず、磐之媛皇后は御綱柏を採るため、紀の国の方に行き、熊野岬に到った。この熊野岬は古遠賀湾の今日の飯塚市立岩遺跡直近の熊野神社の南端辺りとなる。留守にしたのは、難波高津宮、今日の行橋市入覚の地にある五社八幡宮と思われる。難波濟に還って来た皇后は天皇が八田皇女を宮に納れたことを聞いて激怒し、御綱柏を海に投げ捨てる。

微妙な違いの一つは、古事記の表現にある。「天皇《おほきみ》は、此日《このごろ》八田若郎女を婚きたまひて、昼夜戯遊《たはぶ》れます」。仁徳の諡号に相応しくない行為に皇后は激怒するのである。日本書紀の方は、一度入内を拒否した後の行為だから激怒することになっている。また、古事記の方では、八田皇女との「昼夜戯遊」を伝えた人物まで具体的に描かれている。この点から見れば、日本書紀はかなりぼかした表現であり、大鷦鷯を少しでも「仁徳天皇」に仕立て上げようとする意図が垣間見得る。

もはや、かの聖帝伝説に見られた「天皇と皇后の仲睦まじさ」は、完全に破綻しているのである。

微妙な違いの二つ目は、皇后が御綱柏を投げ捨てたことによって付いた地名である。書紀は葉濟、古事記は御津前である。名は違っても場所は同じらしい。行橋市が入り江であったころのどこかである。

大芝英雄氏の推測によれば、長峡川・今川・祓川の合流点ということになる。古事記の「御津前」の「前（さき）」と、下文の「堀江に泝《さかのぼ》り」とから推測すると、現在の今川の辺に「崎野神社」が見える。そこから南の方にある「流末」と「崎野神社」の間を真っ直ぐ北に流れる今川こそが、仁徳紀に書かれた「堀江」と思われるので、「崎野神社」の辺りが「御津前」と考えられる。

磐之媛皇后の行動

御綱柏を海に投げ捨てた後の皇后の行動は、記紀に大きな違いはない。先に古事記の方を採録する。激怒した皇后は、記紀ともに、難波高津宮に入らず、堀江に溯り、山代川を上って行くのである。

〔皇后石之比売命〕②

即ち宮に入り坐さずして、其の御船を引き避《よ》き、堀江に泝《さかのぼ》り、河のまにまに、山代に上り幸でましき。此の時に歌ひ曰りたまはく、

つぎねふや　山代河を
川上《かはのぼ》り　我《あ》が上れば
河の辺に　生ひ立てる
烏草樹《さしぶ》を　烏草樹の樹
其《し》が下に　生ひ立てる
葉広　ゆつ真椿
其が花の　照りいまし
其が葉の　広りいますは

大君ろかも

（歌謡番号五七）

即ち山代より廻り、那良の山の口に到り坐して、歌ひ曰りたまはく、

つぎねふや　山代河を

宮上り　我が上れば

あをによし　奈良を過ぎ

小楯　倭を過ぎ

我が　見が欲し国は

葛城　高宮

我家《わぎへ》のあたり

（歌謡番号五八）

此く歌ひて還りたまひ、暫し筒木の韓人、名は奴理能美《ぬりのみ》が家に入り坐す。

天皇、其の大后山代より上り幸でましぬと聞こし看して、舎人名は鳥山と謂ふ人を使はし、御歌を送り、曰りたまはく、

山代に　い及け鳥山《し》

い及けい及け　我が愛《は》し妻に

い及き遇はむかも

（歌謡番号五九）

又續ぎて丸邇臣《わにのおみ》口子を遣はして歌ひ曰りたまはく、

御諸の　其の高城なる

大猪子が原
大猪子が　腹にある
肝向かふ　心をだにか
相思はずあらむ
（歌謡番号六〇）

又歌ひ曰りたまはく、
つぎねふ　山代女の
木鍬持ち　打ちし大根《おほね》
根白の　白腕《しろただむき》
纏《ま》かずけばこそ　知らずとも言はめ
（歌謡番号六一）

故、是の口子臣、此の御歌を白《まを》す時に、大《いた》く雨ふる。爾《しか》して其の雨を避《よ》きず、前つ殿戸に參伏《まゐふ》せば、後《しり》つ戸に違ひ出でたまひ、後つ殿戸に參伏せば、前つ戸に違ひ出でたまふ。爾して匍匐《は》ひ進み赴き、庭中に跪ける時に、水潦《にはたづみ》腰に至る。其の臣、紅の紐著けたる青摺の衣を服《き》る。故、水潦紅の紐に拂《ふ》れ、青皆紅の色に變《な》りぬ。爾して口子臣が妹、口比賣、大后に仕へ奉れり。故、是の口比賣歌ひ曰はく、

山代の　筒木の宮に
物申す　我が兄《せ》の君は
涙ぐましも
（歌謡番号六二）

爾して太后、其の所由《ゆゑ》を問ひたまふ時に、答へ白さく、「僕《やつこ》が兄、口子臣なり」とまをす。是に口子臣、亦其の妹口比賣と奴理能美、三人議りて、天皇に奏《まを》さしめて云はく、「太后の幸行でませる所以は、奴理能美が養《か》へる虫、一度匐《は》ふ虫に爲り、一度は殼《かひご》に爲り、一度は飛ぶ鳥に爲り、三色《みくさ》に變はる奇《あや》しき虫有り。此の虫を看行《みそこな》はむとして入り坐せるのみ。更に異《け》しき心無し」といふ。此く奏す時に、天皇詔りたまはく、「然あらば吾も奇異《あや》しと思ふ。故、見に行かむと欲《おも》ふ。大宮より上り幸行《い》でまし、奴理能美が家に入り坐す時に、其の奴理能美、己が養へる三種の虫を、大后に献る。爾して天皇、其の大后の坐せる殿戸に御立ちしたまひ、歌ひ曰りたまはく、

つぎねふ　山代女の
木鍬持ち　打ちし大根
さわさわに　汝が言へせこそ
うち渡す　やがは枝なす
来入り参来れ

（歌謡番号六三）

此の天皇と大后と歌ひたまへる六つの歌は、志都歌の歌返《うたかへし》なり。

右の古事記に対し、日本書紀の続きの違いと歌謡の微妙な違いを列記して行く。

③爰《ここ》に天皇、皇后の忿《いか》りて著岸《とま》りたまはぬことを知《しろ》しめさず。親《みづか》ら大津に幸して、皇后の船を待ちたまふ。而して歌して曰はく、

難波人　鈴船取らせ　腰煩《なづ》み　その船取らせ　大御船取れ

時に皇后、大津に泊りたまはずして、更に引きて泝江《かはよりさかのぼ》りて、山背より廻りて倭に向《い》でます。

〔歌謡五一〕難波人よ。鈴船を引け。腰まで水につかってその船をひけ。大御船を引け。

この歌は古事記にない。また、その前後の地の文も微妙に異なる。皇后は葉濟（御津前）から難波高津宮（現行橋市入覚の五社八幡神社と推定）に戻る予定だった。葉濟からは大津に向かう水路であったようだ。そこで天皇は難波の大津に出て待ったのであろう。歌によれば大津は水深がそれほどなかったらしい。浅海のようである。大御船を腰まで水につかって引かなければならなかったようである。万葉集に頻出する「石走る淡海」の出来事に相応しく、水深のある琵琶湖では当たらない。

皇后は皇后で、葉濟から逆方向の堀江（今川）に溯り、御所ヶ岳や馬ヶ岳の山背から廻って倭に、すなわち古遠賀湾の方に向かったようである。

③明日《くるつひ》、天皇、舎人鳥山を遣はして、皇后を還したてまつらしむ。乃ち歌して曰はく、

山背に　い及《し》け及け　吾が思ふ妻に　い及き会はむかも
皇后、還りたまはずして猶行でます。

〔歌謡五二〕山背に早く追いつけ、鳥山よ。早く追いつけ追いつけ。私の愛しい妻に、追いついて会うことができるだろうか。

古事記とは順序が違うが、歌の内容から言えば、一見すると日本書紀の方が順当のように思われる。だが、この時、天皇は八田皇女と「晝夜戯遊」していたのであるから、皇后が怒っていることにも気づかず、まして皇后を気遣うゆとりなどあろうはずもない。結局、古事記の順序の方が正しいように思われる。

また、歌は皇后に対して詠まれたものではなく、使いの鳥山に贈るという、異例の歌となっている。造作から来る矛盾であろうか。

磐之媛皇后の痛烈な大鷦鷯批判

③山背河に至りまして歌して曰はく、

つぎねふ　山背河を　河泝《かはのぼ》り　我が泝れば　河隈《かはくま》に　立ち栄ゆる
百足らず　八十葉の木は　大君ろかも

〔歌謡五三〕（次々に嶺が見えてくる）山背河を溯ってくると、河の曲り角に立って栄えている、葉の繁った樹は、立派でわが大君にそっくりであるな。

体系本の頭注にある解釈は右のとおりである。特に傍線部については、文脈を全く理解できない者の解釈としか思われない。皇后は激怒しているのに、この解釈では天皇を慕っているかのようである。磐之媛皇后の峻烈な性格が台無しだ。大君が詠ってあればすべて立派とする解釈は、見当違いも甚だしい。旧来の記紀歌謡解釈の弊害の最たるものである。

その点は、古事記の方が原作のとおりなのだろう。まず、「河の辺に　生ひ立てる　烏草樹《さしぶ》を　烏草樹の樹　其《し》が下に　生ひ立てる　葉広　ゆつ真椿」の表現について、角川ソフィア文庫は脚注で、「（サシブは）ツツジ科の常緑低木または小高木。シャシャンボ。花は枝に痩せた壺状の白く小さい花をつける。」とする。続いて、「（ゆつ真椿は）『ゆつ』『ま』は美称。椿は照葉の高木。さしぶの下に椿の位置するのは実写性に欠ける。貧しい花と際立って美しい椿とのイメージの転換の表現であろう。」と鋭い踏み込みをしている。ところが現代語訳になると途端に次のように腰砕けになる。

《（花筏が生える山）山城川を
川を遡上し　わたしが上って行くと

川の岸辺に　生えて立つ　烏草樹よ
烏草樹の木
その下に生い立つ
葉の広い　清らかな椿
その花のように　輝いていらっしゃり
その葉のように　寛《ゆた》かに大きくいらっしゃるのは
陛下《おおきみ》でいらっしゃることよ》

注の鋭い指摘が全く反映しない現代語訳と堕している。原歌の表現と鋭い注から素直に読み解けば、これは激怒した皇后の側からは、「さしぶのような貧しい花（のような八田皇女）の下に生い立つ美しい椿のように葉をひろげなさる（不釣合いの無様な）天皇であるよ。」と、八田皇女と大鷦鷯天皇とを同時に貶めたものと取るのが順当だろう。つまりは、天皇に憤りを覚えた皇后の「嫉妬の歌」と解するのがごく自然だ。

その観点で日本書紀に戻れば、古事記のその余りにも直截な表現を避け、「百足らず　八十葉の木は」とだけぼかすのであろう。百に足りない八十葉、すなわち完全ではない色香に迷う天皇と詠うのであろう。少なくとも、記紀ともにどこにも「立派な天皇」とは詠われていないようだ。ここでも、大鷦鷯は決して仁徳天皇とは称しがたい。

磐之媛皇后の離反

③即ち那羅山を越えて、葛城を望みて歌して曰はく、

つぎねふ　山背河を　宮泝り　我が泝れば　青丹よし　那羅を過ぎ
小楯　倭を過ぎ　我が見が欲し国は　葛城高宮　我家のあたり

更に山背に還りて、宮室を筒城岡の南に興りて居します。

〔歌謡五四〕難波の宮を通り過ぎて、山背河を溯ると、（あをによし）奈良を過ぎ、（小楯を並べたように山山が囲んでいる）倭を過ぎ、私の見たいと思う国は、葛城の高宮の、我が家のあたりです。

この歌謡は古事記と一字一句同じである。地の文の那羅山は、田川郡の南方に候補地がある。仁徳天皇即位前紀において、大山守命が葬られた地と同じであろうか。これに関しては後述したい。

歌謡中の葛城高宮は、『香月世譜』を実見したことから、北九州市八幡西区上香月四－二－一に鎮座する「杉守神社」の地であることが知られた。この神社には「倭健命と香月君」の伝承が残されていて、葛城氏は「かつき」氏と読むのではないかということと、北九州に「葛城山」の残されていたことが判明したのである。また、神功皇后紀に登場する「葛城襲津彦」

は「香月君」の子孫であり、磐之媛皇后の先祖と思われる。

特筆すべき問題は、「宮室を筒城岡の南に興りて居します」の一節である。古事記は「筒木の韓人、名は奴理能美が家に入り坐す」とある。古事記の方は、夫婦喧嘩の結果の別居となる。日本書紀は深刻である。「宮室を興る」は即位を意味すると、拙論「真実の仁徳天皇」で述べた。そうであれば、これは王権の分裂を意味することになろう。最低限、大鷦鷯天皇は葛城氏の後援を失うことになる。王権の基盤が脆弱になる。そのことからか、天皇はひたすら皇后に謝り、何とか元の鞘に納まろうと画策を続ける。

③冬十月の甲申の朔に、的臣が祖口持臣を遣して皇后を喚したまふ。一に云はく、和珥臣の祖口子臣といふ。

古事記が「丸邇臣の祖口子臣」となっているから、ここから先は同工異曲の話となる。日本書紀の歌謡を列記する。

山背の　筒城宮に　物申す　我が兄を見れば　涙ぐましも

〔歌謡五五〕山背の筒城の宮で（皇后に）物を申し上げようとしている兄を見ると、（かわいそうで）涙ぐまれてくる。

つのさはふ　磐之媛が　おほろかに　聞《きこ》さぬ　末桑《うらぐは》の木　寄るましじき　河の隈隈　寄ろほひ行くかも　末桑の木

〔歌謡五六〕磐之媛皇后が並大抵のことではお聞き入れにならない、（私の）心恋《うらごい》の木、そのウラグハの木が、近寄ることのできぬ河の曲り角にあちこち寄っては流れ、寄っては流れて行く。その末桑の木が。（天皇は磐之媛皇后にも気持を隔てられ、八田皇女にも表立って逢えず、晴れ晴れしない心持で磐之媛皇后を訪ねようとしている。すると川を末桑の木が流れて行く。ウラグハに、ウラゴヒの気持が懸詞になって重なり、そのウラグハの木が、あちこちの岸にぶつかりながら流れるのを見て、磐之媛皇后と八田皇女との間に動揺する自分の気持と通うもののあるのを感じての歌であろう。）

つぎねふ　山背女の　木鍬持ち　打ちし大根　さわさわに　汝が言へせこそ　打渡す　彌《や》木榮《がはえ》なす　來入り參來れ

〔歌謡五七〕山背女が木の鍬で掘り起した大根、その大根の葉のざわつくように、ざわざわと、あれこれあなたが言われるからこそ、見渡す向うにある木の枝の茂るように、大勢人を引きつれて、あなたに逢いに来たものを。

つぎねふ　山背女の　木鍬持ち　打ちし大根　根白の　白腕《しろただむき》　纏かずけばこそ　知らずとも言はめ

〔歌謡五八〕山背女が木鍬を持って掘り起した大根のような、真白な腕を、巻き合ったことが無かったならばこそ、（私を）知らないとも言えようが（昔は一緒に暮していたのだから、今更知らないとは言えまいに）。

漢風諡号「仁徳天皇」が皇后にひたすら謝罪し、宮に戻って欲しいと懇願するのである。諡号とは真逆の態を晒していよう。殊に、仁徳紀の「聖帝伝説」にあった、皇后との掛け合い漫才のような会話に見られたあの「信頼関係」は微塵もない。

これらの仁徳三十年記事の結びがいよいよ深刻である。

③時に皇后、奏さしめたまひて言したまはく、「陛下《きみ》、八田皇女を納《めしい》れて妃《みめ》としたまふ。其

れ皇女に副《そ》ひて后《きさき》たらまく欲《ほり》せじ」とまうしたまひて、遂に奉見《まゐあ》ひたまはず。乃ち車駕《すめらみこと》、宮に還りたまふ。天皇、是に、皇后の大きに忿りたまふことを恨みたまふ。而して猶し恋《しの》び思すこと有します。

磐之媛皇后は「八田皇女に副うてまで后でいたくはない」と、大鷦鷯天皇に結局逢いもしないし、天皇は仕方なく難波高津宮に還る。天皇はさらに皇后の怒りを逆恨みする。その上で、天皇が皇后を偲ぶことがあると記す。

完全な破局である。皇后の言を借りれば、八田皇女は「妃」となっている。そうして、次の決定的事態を迎える。

四、仁徳紀の八田皇女の運命③

八田皇女の皇后即位

④卅五年の夏六月に、皇后磐之媛命、筒城宮に薨りましぬ。

卅七年の冬十一月の甲戌の朔乙酉に、皇后を乃羅山に葬りまつる。

卅八年の春正月の癸酉の朔戊寅に、八田皇女を立てて皇后と爲たまふ。

何と磐之媛皇后は天皇と別れたまま、五年半後に「筒城宮で薨去」する。それから二年半近くも経って、皇后をナラ山に葬る。この乃羅山が先述したように大山守命の葬られた那羅山と同じであるなら、ある謎が生じる。ナラ山が皇族の墓地である時、謀反を起こした大山守命が同地に葬られるのがおかしい。ひょっとすると、大山守命に謀反の事実はなかった可能性が浮かぶ。(富永長三氏の指摘による。)逆に、大山守命の謀反が事実であるなら、磐之媛皇后も何らかの咎によって葬られたことになりはしないか。少なくとも薨去後二年半近くも経って葬られたこと自体がそもそもおかしいのである。

その翌年に、三十数年にも及ぶ磐之媛皇后の嫉妬によって、入内を妨害された八田皇女が終に皇后位に即くのである。仮に、十六、七歳で同母兄菟道稚郎子に後宮入りを薦められたとしても、書紀の記載どおりであれば、もはや五十代半ばの老女に達している。この立皇后に一体何の意味があるのであろうか。

五、仁徳記の八田若郎女の運命

八田若郎女は皇后に即位せず

日本書紀の八《や》田皇女《たのひめみこ》は実に不可思議な運命を辿った。常識的には考え難い記録としか言いようがない。これらの不思議について考察された跡を、浅学の身には、ほとんど見ることができない。

だが、この不思議を快刀乱麻を断つがごとく解き明かす書がある。ほかならぬ古事記である。すでに、〔皇后石之比売命〕①②を掲げた。全文である。その続きが次のようになっている。

〔八田若郎女〕

天皇、八《や》田若郎女《たのわかいらつめ》に戀ひたまひ、御歌を賜ひ遣はす。其の歌に曰りたまはく、

八田の　一本菅《ひともとすげ》は
子持たず　立ちか荒れなむ
あたら菅原《すがはら》

言をこそ　菅原と言はめ
あたら清し女
（歌謡番号六四）

爾して八田若郎女、答へて歌ひ曰はく、
八田の　一本菅は
独り居りとも
大君し　よしと聞こさば
独り居りとも
（歌謡番号六五）

故、八田若郎女の御名代《みなしろ》と為て、八田部を定む。

天皇は、八田若郎女を恋しく思われ、御歌を使者に持たせて賜った。その歌に仰せになる、
（六四）八田の　一本菅は
子もなく　立ち枯れてしまうのか
もったいない菅原の一本菅よ
言葉では　菅原と言うが
もったいない清々しい女よ
それに、八田若郎女が、答えて歌っていう、
（六五）八田の　一本菅は

独りのままで結構です　陛下が
それでよいと思しめすのなら
独りのままで　ようございます

そして、八田若郎女の御名代として、八田部を定めた。

（角川ソフィア文庫より。傍線は福永）

古事記は絶対年代を知るには手強い書だが、時系列を知るには甚だ有効な書である。日本書紀はむやみと時間を引き延ばしたり、あるいは時空間を超えて記事を配したりする欠点はあるが、重大な事件の絶対年代を知る上では有効な書である。記紀解読の経験から得た、私なりの見解である。

その時系列の確かな古事記によれば、八田若郎女（八田皇女）は皇后石之比売命（磐之媛皇后）の激しい嫉妬と拒絶に遭って、宮中に入ることが出来なかったと記されている。

大雀天皇（大鷦鷯天皇）は八田若郎女を恋しく思われ、「子もなく　立ち枯れてしまうのか」と歌を贈る。八田若郎女は「独りのままでようございます」と悲しげに返歌する。日本書紀に戻っても、事実として、八田皇女との間の皇子・皇女の記録はない。磐之媛皇后と、「妻争い」の結果「又妃」となった髪長媛との間の皇子・皇女は確かに記してある。

八田部の創設

また、「八田部」について角川ソフィア文庫には次のような脚注が付けられている。

《仁徳天皇記の部の設定は后妃・皇子女のところで集中して記されているが、ここだけ一か所とび離れている。郎女の名は御名代設立後の伝承物語が遺っていたからであろう。》

これらの事実を総合すれば、古事記の記述どおり、八田若郎女は老女となってからの皇后即位はおろか、若き時分に妃にもなれなかったのである。さらに言えば、磐之媛皇后の薨去の記事も古事記には一切ない。したがって、大雀天皇即位直後に八田若郎女（八田皇女）がすぐに宮中を去り、磐之媛皇后が難波高津宮に戻ったことも容易に推定されるのである。日本書紀の造作はこれほどに強いものがある。

このことが、次の重大事変の本質を明らかにする。倭歌が歴史を語るのである。

六、もう一人の宇治天皇の同母妹

女鳥王の乱

八田若郎女（八田皇女）を宮中に入れることが出来なかった直後に、古事記は次の記事を続けている。

〔速総別王と女鳥王〕①

天皇、其の弟速總別王《おとはやぶさわけのみこ》を以ち媒《なかひと》と爲て、庶妹女鳥王《ままいもめどりのみこ》を乞ひたまひき。爾して女鳥王、速總別王に語りて曰はく、「大后の強《こは》きに因り、八田若郎女を治め賜はず。故、仕へ奉らじと思ふ。吾は汝命の妻に爲らむ」といふ。卽ち相婚きつ。是を以ち速總別王復《かへりごとまを》奏さず。

爾して天皇、女鳥王の坐す所に直に幸でまして、其の殿戸の閾《しきみ》の上に坐す。是に女鳥王、機に坐して、服《みそ》を織る。爾して天皇、歌ひ曰りたまはく、

女鳥の　我が大君の　織ろす機
誰が料《たね》ろかも　（歌謡番号六六）

女鳥王、答へて歌ひ曰はく、

高行くや　速総別の
御襲《みおすひ》がね　（歌謡番号六七）

故天皇、其の情を知り、宮に還り入りましき。此の時、其の夫速總別王到來《きた》れり。時に、其の妻女鳥王歌ひ曰はく、

雲雀は　天に翔ける
高行くや　速総別
雀《さざき》取らさね　（歌謡番号六八）

天皇此の歌を聞きたまひ、即ち軍を興し、殺さむと欲ほす。爾して速總別王・女鳥王、共に逃げ退《そ》きて、倉椅山《くらはしやま》に騰《のぼ》る。是に速總別王歌ひ曰はく、

梯立ての　倉椅山を　嶮《さが》しみと
岩かきかねて　我が手取らすも
（歌謡番号六九）

又歌ひ曰はく、

梯立ての　倉椅山は　嶮しけど
妹と登れば　嶮しくもあらず
（歌謡番号七〇）

故、其地より逃げ亡せ、宇陀の蘇邇《そに》に到りし時に、御軍《みいくさ》追ひ到りて、殺す。

〔速総別王と女鳥王〕①

また、天皇は、その弟の速総別王を仲人として、異母妹の女鳥王に求婚なさった。すると女鳥王が、速総別王に語って、「皇后の嫉妬深さのために、天皇は八田若郎女を宮中にお入れになれない。だから私もお仕え申し上げまいと思います。むしろ私は、あなたさまの妻になりとうございます」と言った。そして二人は結婚した。それで、速総別王は、天皇への報告を申し上げなかった。そこで天皇は、直に女鳥王のいらっしゃるところにお行きになって、その御殿の戸の敷居の上においでになった。そのとき女鳥王は、織機に腰をかけておいでで、衣を織っていた。そこで、天皇が歌って仰せられる、

（六六）女鳥の　親愛な女王が　織っておいでの織物は
　誰の着物の布であろうか
女鳥王が、答えて歌っていう、
（六七）（空高く飛ぶ）速総別王の　お上衣の布
このことで、天皇は、女鳥王の心のうちを知り、宮中に戻り入られた。
この時、その夫の速総別王がやって来た。時に、その妻の女鳥王が歌っていう、
（六八）雲雀は　天高く飛び翔る
　隼はもっと高く飛ぶ　その名にふさわしい速総別王よ
　鷦鷯を取っておしまいなさい
天皇は、この歌のことをお聞きになると、軍を動かし、二人を殺そうとなさった。そこで、速総別王と女鳥王は、一緒に逃げ去って、倉椅山に登った。この時、速総別王が歌っていう、
（六九）（梯子を立てたように）倉椅山が　嶮しいので
　妻は岩に取りつきかねて　私の手をお握りになることよ
また歌っていう、
（七〇）（梯子を立てたように）倉椅山は　嶮しいけれど
　妻と一緒に登れば　嶮しいとも思わない
そして、二人が倉椅山を越え逃れ、宇陀の蘇迩に着いた時に、天皇の軍が追いついて二

人を殺した。

隼別皇子の乱

右の古事記に該当するのが日本書紀の次の部分である。

⑤卌年の春二月に、雌鳥皇女を納れて妃と爲むと欲して、隼別皇子を以て媒と爲たまふ。時に隼別皇子、密かに親ら娶りて、久しく復命せず。是に、天皇、夫有ることを知りたまはずして、親ら雌鳥皇女の殿に臨みます。時に皇女の爲に織縑《はたお》る女人等、歌ひて曰はく、

　ひさかたの　天金機　雌鳥が　織る金機　隼別の　御襲料《みおすひがね》

爰に天皇、隼別皇子の密かに婚《たは》けたるを知りたまひて、恨みたまふ。然るに皇后の言に重《はばか》り、亦友于《このかみおとと》の義《ことわり》に敦くまして、忍びて罪すること勿し。俄《しばらく》ありて隼別皇子、皇女の膝に枕して以て臥せり。乃ち語りて曰はく、「鷦鷯と隼と孰れか捷《と》き」といふ。曰はく、「隼は捷し」といふ。乃ち皇子の曰はく、「是、我が先だてる所なり」といふ。天皇、是の言を聞こしめして、更に亦恨みを起したまふ。時に隼別皇子の舎人等、歌ひて曰はく、

　隼は　天に上り　飛び翔り　齋《いつき》が上の　鷦鷯取らさね

天皇、是の歌を聞こしめして、勃然《はなはだ》大きに怒りて曰はく、「朕、私の恨みを以て、親《はらから》を失はまほしみせず、忍びてなり。何ぞ疊《きず》ますとして私の事を將《も》て社稷《くに》に及さむ」とのたまひ

て、則ち隼別皇子を殺さむと欲す。時に皇子、雌鳥皇女を率て、伊勢神宮《いせのかむみや》に納《まゐ》らむと欲ひて馳す。是に、天皇、隼別皇子逃走《に》げたりと聞こしめして、即ち吉備品遅部雄鯽《きびのほむちべのをふな》・播磨佐伯直阿俄能胡《はりまのさへきのあたひあがのこ》を遣して曰はく、「追ひて逮《し》かむ所に即ち殺せ」とのたまふ。爰に皇后、奏して言《まう》したまはく、「雌鳥皇女、寔《まこと》に重き罪に當たれり。然れども其の殺さむ日に、皇女の身を露にせまほしみせず」とまうしたまふ。乃ち因りて雄鯽等に勅したまはく、「皇女の齎《も》たる足玉手玉をな取りそ」とのたまふ。雄鯽等、追ひて菟田に至りて、素珥山に迫《せ》む。時に草の中に隠れて、僅《わづか》に免るること得。急《すみやか》に走《に》げて山を越ゆ。是に、皇子、歌して曰はく、

梯立の　嶮しき山も　我妹子と　二人越ゆれば　安蓆かも

爰に雄鯽等、免れぬることを知りて、以て急に伊勢の蔣代野《こもしろのの》に追ひ及《し》きて殺しつ。

いわゆる「速総別王（隼別皇子）の乱」と言われる事変である。これを二部に分けて分析してみよう。しかも、古事記と日本書紀を注意深く比較検討することによって、事変の真相がいよいよ明らかになってゆく。

隼別皇子の乱の年代

第一に、この事変がいつ起きたかを明らかにしたい。

拙論「真実の仁徳天皇」において、宇治天皇三年を万葉集七番歌の左注から西暦四〇八年かと仮定した。次のようである。

額田王歌　未詳

金野乃　美草苅葺　屋杼礼里之　兎道乃宮子能　借五百磯所念

金の野の　み草刈り葺き　宿れりし　宇治の京の　仮廬《かりほ》し思ほゆ

右、山上憶良大夫の類聚歌林を検ふるに曰はく、一書に戊申の年比良の宮に幸すときの大御歌といへり。（後略）

【新解釈】

金の野の草を刈って屋根にふいて宿っていた、あの宇治（福岡県田川郡香春町宮原附近）の宮室の質素な造りがなつかしく思い出される。

右は、山上憶良大夫の類聚歌林を調べると書いてあることには、一書に戊申の年（宇治天皇三年＝四〇八か）に（宇治天皇が）比良（菟道河沿いの地か）の宮に行幸されるときの大御歌といっている。

（後略）

この歌の翌年新春に王仁の次の歌が詠まれたとした。

同じ春に宇治天皇が非業の死に追いやられ、大鷦鷯天皇が即位したのであれば、大鷦鷯天皇元年は四〇九年となろうか。古事記に従えば、この年の冬、「大后豐樂したまはむと爲て、御綱柏を採りに、木國に幸行でましし間に、天皇、八田若郎女を婚きたまふ。」という事件が起きたと推測される。八田若郎女はすぐに宮中を追われ、皇后石之比売命（磐之媛皇后）が難波高津宮に戻る。その直後に「速総別王と女鳥王」の記事が置かれている。この事変が起きた年を日本書紀は「卌年の春二月」と記している。大鷦鷯四十年はもはや信用が置けないが、「春二月」はあるいは当たっているかも知れない。いささか恣意的にはなるが、八田若郎女が宮中を追われたのが新嘗祭のころだとすれば、春二月は順当な季節であろう。

宇治天皇の血統を入れようとして八田若郎女の入内を図ってあえなく失敗した大雀（大鷦鷯）は、性懲りもなく、宇治天皇のもう一人の同母妹女鳥王（雌鳥皇女）に求婚しようとするのであろう。書紀の「春二月」に従えば、「速総別王（隼別皇子）の乱」はあるいは大鷦鷯二年（西暦四一〇年）の事変となろうか。記紀を比較検討すれば、宇治天皇の死から間もなくの事変と考えざるを得ない。大鷦鷯二年（西暦四一〇年）は当たらずと雖も遠からぬ線と考えている。

隼別皇子の乱の主体

第二に、乱の主人公を確認したい。

今日まで、書紀の記述に基づいて、隼別皇子が乱の主体と考えられてきたようだ。大鷦鷯天皇が雌鳥皇女に求婚しようとして、隼別皇子を媒としたが、皇子が雌鳥皇女を「密かに親ら娶った」としてある。続いて、結婚後の皇女との語らいで「鷦鷯と隼と孰れか捷《と》き」と尋ね、皇女の「隼は捷し」の返事を聞くや否や、皇子は「是、我が先だてる所なり」と豪語する。更には、隼別皇子の舎人等が、「隼は天に上り飛び翔り齋が上の鷦鷯取らさね」と歌ったとある。すべて、隼別皇子が謀反の張本人となっている。

ところが、古事記は様相を全く異にする。媒に来た速総別王に女鳥王のほうから結婚を申し込むのである。「皇后の嫉妬深さのために、天皇は八田若郎女を宮中にお入れになれない。だから私もお仕え申し上げまいと思います。むしろ私は、あなたさまの妻になりとうございます」と積極的にその理由を明かす。この皇后が石之日売命であることはもはや言うまでもない。これに対して、書紀はこの部分を削除する。磐之媛皇后を薨去させ、八田皇女を皇后にしてしまったからには、大きな矛盾を露呈してしまうためである。

決定的なまでに書紀と違うのは、女鳥王自身が「雲雀は天に翔ける高行くや速総別雀取らさね」と速総別王に歌いかけ、謀反を促す点である。古事記の記事からは、明らかに女鳥王が謀反の主体である。

女鳥王の乱の理由

第三に、女鳥王の謀反の理由を追究したい。

書紀では削られた「大后の強きに因り、八田若郎女を治め賜はず。故、仕へ奉らじと思ふ。吾は汝命の妻に爲らむ」の言葉にヒントがあると思われる。拙論「真実の仁徳天皇」で明らかにしたように、皇位の正当性は宇治天皇にあった。八田皇女と雌鳥皇女の同母兄の側にあったのである。ところが、大鷦鷯が皇位を不当に簒奪した。それを正当化しようと姉の八田皇女との婚姻を図った。しかし、磐之媛皇后の嫉妬に遭って実現しなかった。「大后の強きに因り、八田若郎女を治め賜はず」の文言について、角川ソフィア文庫に注目すべき脚注がまた付されている。「身分に見合う待遇がおできにならない」とある。兄帝が非業の死を遂げた後、身分の高い姉が身分の劣る磐之媛皇后のせいで、見合う待遇、すなわち皇后（正妃）の地位に就けなかったと雌鳥皇女は考えたのではなかろうか。皇女にとって、二重の屈辱であったろう。これを裏付けるのが書紀の「陛下、八田皇女を納れて妃《みめ》としたまふ。其れ皇女に副ひて后たらまく欲せじ」と語った磐之媛皇后の言葉と思われる。八田皇女が妃になれば、磐之媛皇后は皇女の「副」の立場に立たされるらしい。それが強烈な拒絶の態度を示す原因だったのではないか。古事記に書かれなかった磐之媛皇后の言葉と、日本書紀に記録されなかった女鳥王の言葉とは奇妙に符合すると考えられる。

兄帝の非業の死と姉の受けた不当の待遇、これらが女鳥王（雌鳥皇女）に大雀天皇（大鷦鷯天皇）からの皇位の奪還を決意させたのではないかと私は考える。その皇位奪還の成就のために女鳥王の選んだ相手こそが、もう一人の異母兄速総別王であったとするなら、これも至極順当のように思われる。

女鳥王（雌鳥皇女）の乱が史実であるなら、兄帝（宇治天皇）の仇討ちという側面もあったのではないかとひそかに考えている。たとえ、「雀取らさね」の一句が造作であっても、女鳥王の大雀天皇に対する敵愾心の強さは変わらない。中国の史書風に言えば、女鳥王（雌鳥皇女）は烈女（節操が堅く、気性の激しい女〈新潮国語辞典〉）と呼ぶにふさわしい。

女鳥王の逃走経路

第四に、大雀天皇の「御軍」に先制攻撃されたらしい、女鳥王と速総別王の逃走経路を確認したい。

その前に、日本書紀の造作の部分を削除しておこう。

⑤の「朕、私の恨みを以て、親《はらから》を失はまほしみせず、忍びてなり。何ぞ釁《きず》ますとして私の事を将《も》て社稷《くに》に及さむ」との大鷦鷯天皇の言葉に造作の跡が見て取られる。次に、「爰に皇后、奏して言《まう》したまはく、『雌鳥皇女、寔《まこと》に重き罪に當たれり。然れども其の殺さむ日に、皇女の身を露にせまほしみせず』とまうしたまふ。乃ち因りて雄鯽等に勅したまはく、『皇女の齎《も》た

る足玉手玉をな取りそ』とのたまふ。」の部分が明らかに造作である。皇后が八田皇女であり、「(雌鳥) 皇女の齎たる足玉手玉をな取りそ」との妹への思い遣りが却って造作の臭いを強くする。

これらを削除すると、話の筋はほとんど変わらない。女鳥王と速総別王の追討を命じられた将軍と、二人の逃走経路と、最後に二人が殺された場所とが異なるだけである。

①伊《い》勢神宮《せのかむみや》に向かって馳せる。(書紀)

②菟田《うだ》の素珥山《そにのやま》を越える。(書紀)　倉椅山《くらはしやま》を越える。(古事記)

③伊勢の蔣代野《こもしろのの》で殺される。(書紀)　宇陀《うだ》の蘇迩《そに》で殺される。(古事記)

右の逃走経路で共通するのが「ウダのソニ」であるが、書紀は山の名であり、古事記は平野を指すようである。この逃走経路をほぼ決定付けるのもまた歌謡である。②の山越えに関しては古事記の歌謡二首に「梯立ての　倉椅山」とあるが、枕詞と導き出す言葉(地名)の組み合わせが緊密である。倉には梯子を立てて登るので「倉」にかかるという説明が多い。日本書紀が「素珥山」と改作したために、「梯立の　嶮しき山」と歌をも作り変えたことが知られる。倉椅山は通説では奈良県桜井市倉橋の山と比定されるが、桜井市に「梯子を立てたような」険しい山は存在しない。

それではどこに「梯立ての倉椅山」があるか。私は福岡県筑豊の地で早くにこの山に何度か登っている。鞍手町の飯盛山である。『角川日本地名大辞典』福岡県の「鞍手郡」について、次のような説明がある。

《筑前国鞍手郡の地名の由来は、地元では六ケ岳に連なる飯盛山頂に祀られる鞍橋君によるといわれる。鞍橋君は、「日本書紀」欽明天皇十五年十二月条によれば、百済救援の際強弓で知られた人物。この「クラジ」がなまって「クラテ」になったという。》

その鞍橋君《くらじのきみ》の祀られた山、鞍橋山であろう。仁徳記のほうが古いから、もともと「倉椅山」であり、この地にクラジの君が現れたので「鞍橋」の表記に変わったと推測される。

十数年前に鞍手町歴史資料館に勤められていた学芸員の年配の女性の方から飯盛山の昔の様子をお聞きしたことがある。彼女の少女期の飯盛山は草木が鬱蒼と繁り、昼なお暗い急な山道を登って鞍橋君の祠をお参りされたとのことであった。子供心に非常に怖い思いをしたともお聞きした。今は、ライオンズクラブの設置した階段のお蔭で昔よりは楽に登れるが、それでも結構暗く急な山道という印象は残っている。「梯立ての倉椅山」にふさわしい。

すでに、宇治天皇の宇治の京も大鷦鷯天皇の難波高

倉椅山（現在の飯盛山）

津宮も豊前国に見出した。その高津宮から派遣された御軍に追われた女鳥王と速総別王の逃走経路の「梯立ての倉椅山」は、ほぼ鞍手の飯盛山に間違いなかろうと思われる。

次に①の「伊勢神宮」の所在地も確認したい。日本海沿岸の中国地方から京都府丹後の籠神社にかけて「元伊勢」と称される神社が点在する。伊勢神宮はどうやら東遷したらしい。そこで、最初の「元伊勢」を探究した。仁徳紀より古い垂仁天皇二十五年三月条にヒントを得た。

> 三月の丁亥の朔丙申に、天照大神を豊耜入姫命より離ちまつりて、倭姫命に託けたまふ。爰に倭姫命、大神を鎮め坐させむ処を求めて、菟田の筱幡に詣る。更に還りて近江国に入りて、東美濃を廻りて、伊勢国に到る。時に天照大神、倭姫命に誨へて曰はく、「是の神風の伊勢国は、常世の浪の重浪帰する国なり。傍国の可怜し国なり。是の国に居らむと欲ふ」とのたまふ。故、大神の教の随に、其の祠を伊勢国に立てたまふ。因りて斎宮を五十鈴の川上に興つ。是を磯宮と謂ふ。則ち天照大神の始めて天より降ります処なり。

「豊」・「倭」・「菟田」・「近江国」については、拙論「神武は筑豊に東征した」においてほぼ比定し得た土地ばかりである。豊前国あるいは筑豊の各地である。この時、「伊勢《いせ》国の磯宮《いそのみや》」すなわち「伊勢神宮」の「元伊勢」が忽然と明らかになった。宮若市「磯光《いそみつ》」に鎮座する「天照宮」にほかならない。祭神が天照国照彦天火明櫛玉饒速日尊、私の唱える「男神の天照大神」

である。

天照宮の由来は、貝原益軒著の『鞍手郡磯光神社縁起』によれば、饒速日尊が垂仁天皇十六年（推定紀元前十四年）に宮若市（旧宮田町）の南に聳える笠置山頂（四二五メートル）に降臨し、同七十七年に笠置山頂に奉仕した事に始まる。その後、千石穂掛谷（穂掛神社）、明野（脇野）と移り、延慶元年（一三〇八年）に、白き鶴の住む里に廟を遷すべしとの神託があり、西国探題物政所玄朝の造営により、現在地に移された。

今日の伊勢神宮も実は天神ニギハヤヒを本来祀っていることになる。現在の伊勢神宮は東遷の最終地点としての伊勢神宮なのである。

仁徳紀の「伊勢神宮」は恐らく「磯光の天照宮」と思われる。

したがって、「梯立ての倉椅山」（＝鞍手町の飯盛山）から「伊勢神宮」（＝磯光の天照宮）までは指呼の間と言って差し支えない距離である。「伊勢国」の領域を考えると、③の「伊勢の蔣代野」も候補地が浮かぶ。

飯塚市に菰田がある。薦田・蔣田とも書く。遠賀川（嘉麻川）とその支流穂波川に注ぐ碇川に囲まれた低地。『和名抄』筑前国穂波郡五郷の一に薦田郷が見える。（角川日本地名大辞典　福岡県）

先に述べた逃走経路を整理してみよう。②と③に共通する「ウダのソニ」が造作の可能性が高いので、これを消去すると地理的に決して不自然でない、女鳥王と速総別王の逃亡経路が現れる。
①伊勢神宮（＝磯光の天照宮）に向かって馳せる。（書紀）
②倉椅山（＝鞍手町の飯盛山）を越える。（古事記）
③伊勢の蔣代野（＝飯塚市の蔣田）で殺される。（書紀）

女鳥王と速総別王の宮は、高津宮の大雀天皇が二人の住まいを訪れたとしているから、宇治天皇の宇治の京（香春町古宮）付近を想定している。

兄帝の仇討ちを画して皇位継承戦争を展開した女鳥王と速総別王は残念ながら返り討ちに遭い、伊勢の蔣代野で殺されたらしい。

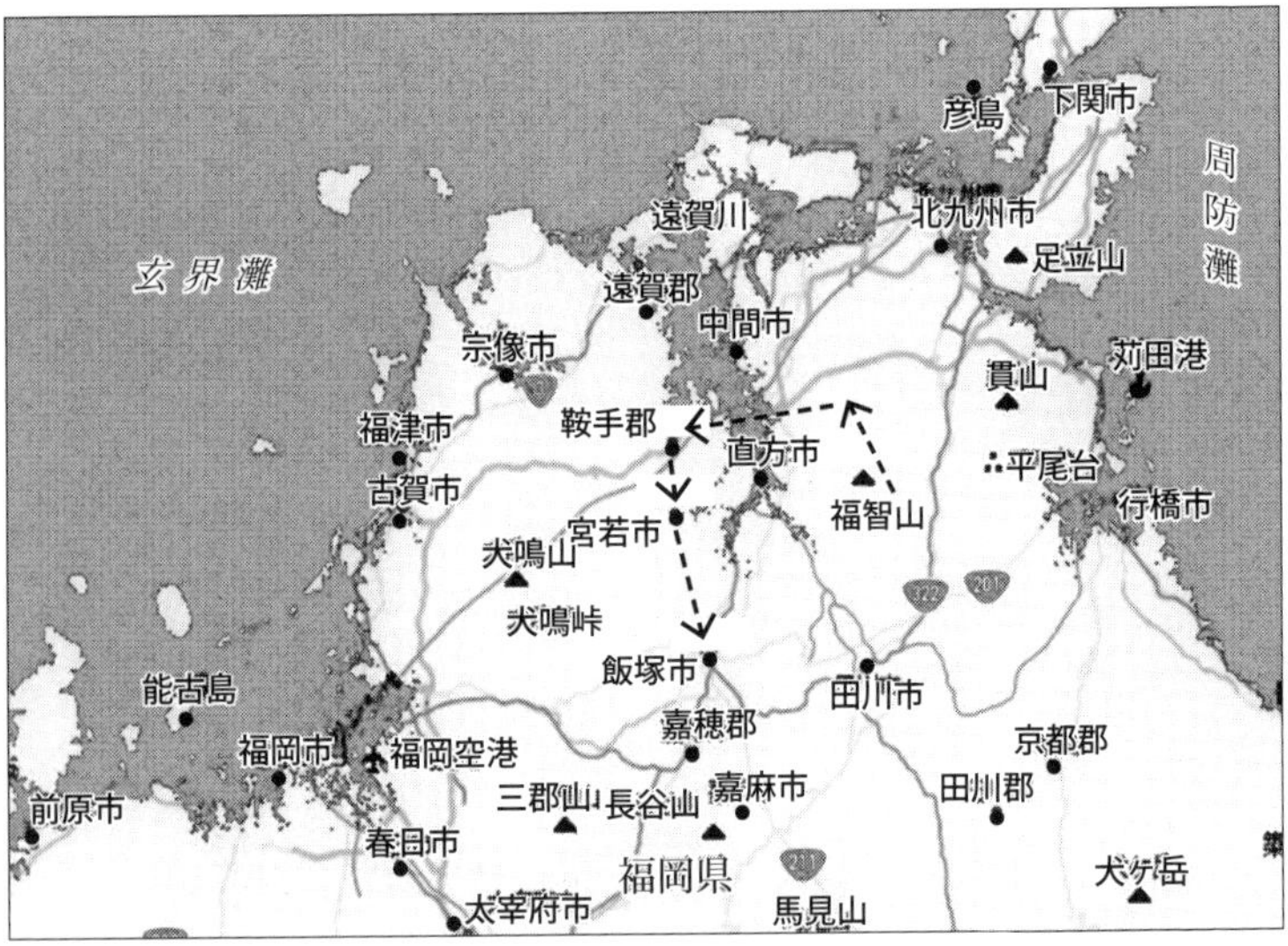

女鳥王の逃走経路

女鳥王の乱の本質

また、別の見方をすれば、宇治天皇の同母妹八田皇女を独身のままに置くことに成功した大鷦鷯天皇は、雌鳥皇女の取り込みに失敗したと推定される。それどころか、もう一人の庶兄隼別皇子と婚姻したことによって、人心の集まる正統の王家が出現してしまった。この王家に対し、自らの正統性を相対的に弱体化された大鷦鷯天皇と磐之媛皇后の外戚とは、正統性の強い雌鳥皇女と隼別皇子の家を殲滅することに着手したのではなかろうか。

つまり、大鷦鷯天皇の軍隊が一方的に雌鳥皇女と隼別皇子を襲ったのが事変の本質なのかも知れない。反乱の口実は後から付けられたとも推測されよう。この推測を裏付けるのが古事記の仁徳記の構成である。

角川ソフィア文庫の見出しによれば、〔后妃と皇子女〕、〔聖帝の御世〕、〔皇后の嫉妬と吉備の黒日売〕、〔皇后石之比売命〕、〔八田若郎女〕、〔速総別王と女鳥王〕、〔雁の卵〕、〔枯野という船〕の八部構成である。結びの二部を除くと、ほとんどが、石之比売皇后と宇治天皇の同母妹二人の記事と言っても過言ではなかろう。それほどに、皇統（血統）にこだわるのが古事記の眼目である。

皇統は、結局、大雀天皇と石之比売皇后との間の皇子に受け継がれたと記してあり、宇治天皇とその同母妹の皇統は終に伝わらなかったのである。

七、女鳥王と速総別王死後のエピソード

女鳥王と速総別王の死後には有名なエピソードが伝えられている。

〔速総別王と女鳥王〕②

其の将軍山部大楯連、其の女鳥王の御手に纏ける玉釧《たまくしろ》を取りて、己が妻に與ふ。此の時の後、豊樂したまはむと爲る時に、氏氏の女等《をみなら》、皆朝參《みかどまゐ》りす。爾して大楯連が妻、其の王の玉釧を以ち、己が手に纏きて參赴《まゐおもぶ》けり。是に大后石之日賣命、自ら大御酒の柏を取らし、諸の氏氏の女等に賜ふ。爾して大后、其の玉釧を見知りたまひ、御酒の柏を賜はず、乃ち引き退けたまふ。其の夫《を》大楯連を召し出でて、詔りたまはく、「其の王等《みこたち》、禮《ゐや》无きに因りて退け賜ひき。是は異《け》しき事無きのみ。夫《を》の奴《やつこ》や、己が君の御手に纏かせる玉釧を、膚も熅《あたた》けきに剥ぎ持ち來、己が妻に與へつ」とのりたまひ、乃ち死刑《ころすつみ》を給ひき。

〔速総別王と女鳥王〕②

その将軍の山部大楯連は、その女鳥王が御手につけていた立派な腕飾りを奪って、自分の妻に与えた。この後に、新嘗の宴会を催そうという時に、諸氏の女たちもみな参内した。このとき、大楯連の妻は、女鳥王の腕飾りを自らの手につけて参内した。この折、皇后の石之日売命は、親しく、天皇から賜る御酒を盛った柏の葉の杯をお持ちになって、諸氏の女たちにお与えになった。そして、皇后はかねてその腕飾りをご存じで、大楯の妻には御酒の柏の杯をお与えにならず、退場させておしまいになった。その夫の大楯連を呼び出して、「あの王たちは、天皇への無礼があったから滅ぼしなさった。これは当然のこと。この亭主野郎め、自分が仕える主君の御手につけている腕飾りを、まだ肌に温かさが残っているのに剥ぎ取ってきて、己の妻に与えたとは」とおっしゃって、死罪に決せられた。

⑤時に雄鯽等、皇女の玉を探りて、裳の中より得つ。乃ち二の王の屍を以て、廬杵河《いほきがわ》の邊《ほとり》に埋みて、復命《かへりことまう》す。皇后、雄鯽等に問はしめて曰はく、「若し皇女の玉を見きや」とのたまふ。對へて言さく、「見ず」とまうす。是歳、新嘗の月に當たりて、宴會《とよのあかり》の日を以て、酒《おほみき》を内外命婦等《ひめとねたち》に賜ふ。是に、近江山君稚守山が妻と采女磐坂媛と、二の女の手に、良き珠纏けること有り。皇后、其の珠を見すに、既に雌鳥皇女の珠に似たり。則ち疑ひて、有司《つかさ》に命《みことのり》して、其の玉を得し由を推《かむが》へ問はしめたまふ。對へて言さく、「佐伯の直阿俄能胡が妻の玉なり」とまうす。仍りて阿俄能胡を推へ鞫《と》ふ。對へて曰さく、「皇女を誅しし

日に、探りて取りき」とまうす。即ち將に阿俄能胡を殺さむとす。是に、阿俄能胡、乃ち己が私の地を獻りて、死贖《しぬるつみあがな》はむと請《まう》す。故、其の地を納めて死罪を赦す。是を以て、其の地を號けて玉代《たまて》と曰ふ。

女鳥王（雌鳥皇女）を殺した将軍が、彼女が身につけていた玉釧あるいは良き珠を奪い取り、己が妻に与え、トヨノアカリの日に皇后がこれを目にして追及し、将軍を罰したという話である。

最大の違いが、古事記の皇后が石之日売命であり、日本書紀の皇后が八田皇女であることにある。ここまでの推理が示すとおり、日本書紀の記述が改竄に当たる。

石之日売皇后は、「己が君の御手に纏かせる玉釧を、膚も煴けきに剥ぎ持ち來、己が妻に與へつ」と激怒し、将軍を死刑に処した。

他方、八田皇后は実の妹を殺された上に、天皇の軍隊が討伐に出る際に妹を辱めないようにと戒めておきながら、その約束も破られたのに、最終的には将軍が領地を差し出したことで命だけは助けるという、妙な物分かりのよさを示す。

これは古事記のほうが圧倒的に史実に近いと思われる。しかも、石之日売皇后の筋道を正すという性格を一貫して記録しているように思われてならない。ただの嫉妬深い皇后ではない。自己の立場をよくわきまえ、相手が天皇であれ将軍であれ、理非曲直をきっぱりと正す女性として描かれている。

さらに細かい点に注目すると、古事記の一貫性が顕著になる。

豐樂爲る時に、……大后石之日賣命、自ら大御酒の柏を取らし、諸の氏氏の女等に賜ふ。

「豊楽《とよのあかり》の日に、柏を取らす」とは、「此れより後時に、大后豐樂したまはむと爲て、御綱柏《みつながしは》を採りに、木國に幸行《い》でましし間に、天皇、八田若郎女《やたのわかいらつめ》を婚《ま》きたまふ。」というあの事件の始まりとなった「豊楽に大御酒を受ける杯とする御綱柏」と同一の物である。御綱柏は三角柏とも書かれ、カクレミノの葉とされる。

この詳しい表記が、八田若郎女の事件と女鳥王の乱とが一両年内に起きたことを知らしめたのである。また、このことによって、他方の日本書紀が時間をいかに引き延ばし、事件の本質をいかに薄めて書き換えてしまうかという実例をも照らし出すことができたのである。事件の本質を証明したのがやはり記紀歌謡であることも明らかにした。

倭歌が歴史を解き明かす。

おわりに

「真実の仁徳天皇」を明らかにした後に、「雌鳥皇女の乱」という事変を抽出することになった。まさか、兄帝の仇討ちを果たさんがため、大鷦鷯天皇との間に皇位継承戦争を仕掛けた可能性があるとは思いもよらなかった。あるいは、雌鳥皇女の庶兄との婚姻が大鷦鷯天皇の一方的な殺戮に到ったかも知れないことを推測できた。最終的には共に悲劇に終わる。大鷦鷯天皇はどこまでも暴虐の君主であり、断じて「仁徳帝ではない」ことを再確認するに至った。

古事記と日本書紀とを比較検討し、記紀歌謡を詳細に比較検討することから、諸学者の気づかなかったさまざまな歴史事実を見出しつつある。

例えば、天の香具山にこだわって、斉明の「狂心《たぶれこころ》の渠《みぞ》」を香春の地に見出したり、英彦山にこだわってはその南の奥耶馬渓に斉明の「吉野宮」を見出したりした。『懐風藻』の吉野宮を歌った漢詩を読んでは、「天の羽衣」伝説の発祥の地であることを突き止めたりもした。

最近は、熊本県山鹿市菊鹿町相良《あいら》にウガヤフキアエズ命の日向吾平山陵を実見するや否や、神武の頃の古代「日向国」を直観し、同時に卑弥呼の時代の「狗奴国」であるとも直観した。神武の出発点であり、子のタギシミミもここの出身である。この二代大王タギシミミが香春のスイゼイに暗殺されたから「倭国大乱」が起き、卑弥呼の時代に女王国は狗奴国と交戦することになった。「日向国」＝「狗奴国」は菊池川流域（現地に「古代の湖、茂賀《もが》の浦」についての研究報告がある）にその中心があり、卑弥呼の後も滅びなかった。古墳時代に装飾古墳が造られ、律令制のころに「鞠智城」も建設されたからである。

古事記・日本書紀は程度の差こそあれ、共に造作も認められるが、個個の記録は歴史事実の反映である。誤読を恐れず、かつ慎重に読解すれば、歴史の宝庫である。その読解に欠かせないのが倭歌や日本漢詩の読み直しにあると私は宣言する。

V

忘却せられた絶唱

君が行き日長《け》く成りぬ

はじめに

拙論「真実の仁徳天皇」において、消された「宇治天皇」の存在とその京である「宇治宮」跡地（福岡県田川郡香春町宇宮原古宮ヶ鼻の阿曽隈社）を千数百年ぶりに史実として回復した。宇治宮は斉明・天智の宮跡でもあり、日本書紀に、天智天皇は「（四年）冬十月の己亥の朔己酉に、大きに菟道に閲す。」とあるが、やはり「菟道」は香春町にあったようである。

雨漏りのする、仮廬のような宇治宮に住まわれた宇治天皇の正妃が髪長媛皇后であったらしく、宇治天皇の二度目の「天香山（香春岳三ノ岳）からの国見」を見送りされた時の歌こそが、春過ぎて夏来たるらし白妙の衣乾したり天の香具山（万葉集二十八）であるとした。

次に、大鷦鷯尊が、何らかの謀略によって宇治天皇を死に追い遣り、髪長媛を「妻争い」の結果、自らの「又妃」にしたことを明らかにした。

また、続きの拙論「鷦鷯取らさね」においては、宇治天皇の同母妹である「八田皇女」と「雌鳥皇女」の悲劇的な運命と、大鷦鷯天皇の正妃「磐姫皇后」の実像を明らかにしたばかりであった。

これらの全てが解明された時、万葉集巻二の冒頭部の相聞歌四首が、忘れ去られた絶唱であることに気付かされた。(田中和典氏提案)そしてまたも千数百年の長きにわたる誤解から、その絶唱が終に解き放たれたのである。

一、宇治天皇殺害に関わる奇祭

あがた祭り

これも田中和典氏から教示していただいたが、古代倭国(豊国)の宇治から東遷したと思われる人々が、京都府宇治の縣神社《あがた》に、宇治天皇殺害を臭わせるような奇祭を残していたようである。不思議なことに、宇治神社に菟道稚郎子が祀ってあるが、この奇祭は伝わらない。縣神社の祭神は木花開耶姫命となっていて、奇祭が伝わっている。次は縣神社の公式ホームページから引用したその「あがた祭り」の解説である。

《六月五日から六日未明にかけて行なわれる「暗闇の奇祭」として有名です。当日はあがた通り、本町通り、新町通りを結ぶ三角形の通りに露店が七〇〇店余り出店し、十数万人の見物客で終日賑わいます。あがた神社では五日の朝御饌の儀から神事が始まり、夕方の夕御饌の儀をへて祭のクライマックス、梵天渡御へと盛り上がっていきます。十時ごろ露店は終わり十一時ごろから梵天が法被装束に身を包んだ、地元の梵天講の若者達に担がれて動き出します。本殿で灯りを消した真っ暗な中で神移しが行なわれ出発します。境内を練り歩き鳥居をくぐって表に出た梵天は、旧大幣殿前でブン回しや差し上げなど勇壮に走り回ります。再び境内に帰って還幸祭を終えるのは夜中の一時ごろ。まさに暗闇の奇祭の名に相応しいものです。》

梵天のブン回し

あがた祭りの時代背景

次は、インターネットのサイト「古代史の中の姫君たち」から、「『磐之媛』考」（原文は横書き）の部分を抄録したものである。

（要旨）

《仁徳天皇の大后「磐之媛」は嫉妬に狂う気性の荒く激しい女性であるかのように記紀は記

している。しかし、これには疑問を差しはさまざるを得ない。それは、政治的重大事件の真相を隠蔽するために、でっちあげられたものではあるまいか。記紀が記す彼女の嫉妬なるものを分析してゆくと八田皇女が浮き上がる。その線をさらに追うと、父応神天皇が後継者に定めた菟道稚郎子皇子は自害したのではなく、仁徳によって殺害されたのではないかと云う事実に突き当たる。菟道稚郎子皇子や八田皇女の兄妹の背景には和珥氏なる強大な古代豪族がある。このために引き起こされた南山城の和珥氏族の不穏な動きを封ずるために、磐之媛は夫仁徳に代わって、紀伊の軍兵を率いて山城に駐屯した。

しかし、記紀は磐之媛の山城行きの原因となった稚郎子殺害事件を隠蔽するために、磐之媛に嫉妬話を捏造したのであろう。今も、宇治の県神社に伝わる暗闇祭の奇祭は、仁徳による稚郎子暗殺を暗示している。

※（1）〜（9）を省略。

（10）

この稿の最後に、菟道稚郎子は大鷦鷯（仁徳天皇）によって殺されたのだと云う私の仮説を傍証するかのような祭りを書き加えておきたい。

それは、いま平等院の片隅にある県神社で六月六日の未

稚郎子皇子を祀る宇治神社

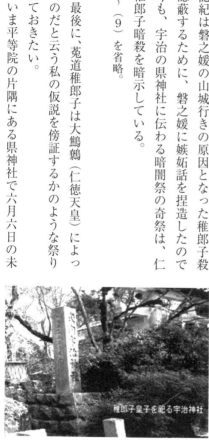

明（古くは五月五日の深夜）に行われる「暗闇祭り」と呼ばれる奇祭のことである。梅山秀幸先生が「かぐや姫の光と影」の中で紹介するところに従ってその概略を記すと、[13] それは次のようなものである。

まず、この神社は奇妙なことに、地元には氏子がいない。祭りはすべて、主に大阪府内にある一八の講社の人たちによって奉仕される。また、この神社の祭神は、現在は木花佐久夜比売とされているが、実の所は全く不明である。[14] その夜、宇治の人々はすべての灯火を消し戸を閉ざし、あたりは水を打ったような静かな暗闇となる。物音一つない暗闇の中を白装束の人たちが、這うようにして御霊屋へと近づく。突然、御霊屋の扉が荒々しく音を立てて開け放たれる。再び戻った静寂の中を、神が憑依した神輿がゆっくりと宇治神社の御旅所の方へと向かう。神輿は梵天と呼ばれ、奉書紙を多数重ねて葱坊主のような形にしたものである。梵天は御旅所の建物の中に放り込まれ扉は閉じられ、その中で奉書紙は引きちぎられ、梵天は無惨にも解体される。すなわち、神は殺される。と云うものである。

この神事は何を意味するのか。私は奇祭と云われる神事はしばしば過去の歴史を再演するものであると考えている。この考えに立つと、この奇妙な神事は、まさに、仁徳が、河内から率いてきた部下によって、秘かに菟道稚郎子を暗殺する状況の再演であると見られるのである。

（13）梅山秀幸『かぐや姫の光と影』人文書院、一九九一年、八八、二〇七頁ここに報告されている所は暗闇祭りの本来の姿であり、現在の祭りは若干変形されている。特に大きな違いは、梵天が御旅所で作られ、それが先ず最初に、講の若衆たちによって勇壮に県神社の本殿に運び込まれる点に見受けられる。（合田一道『日本の奇祭』青弓社、一九九六年、八八頁）

(14) 県神社の祭神について「都名所図絵」は弓削道鏡または藤原頼長とし、「宇治旧記」は天穂日命とし、林屋辰三郎先生は宮主矢河枝比売とし、神社自身は木花佐久夜比売としている。（梅山秀幸『かぐや姫の光と影』人文書院、一九九一年、二〇七頁）》

「磐之媛」考サイト氏は、福永仮説の宇治天皇も知らず、「真実の仁徳天皇」も知らずに、通説に従ったままとは云え、それでも大鷦鷯が菟道稚郎子を殺したことに言及されたのは実に興味深い。だが、氏は万葉集巻二の冒頭の相聞歌を磐之媛皇后作としたまま、そしてそれ故にこそ磐之媛はむしろ心優しい女性だったと推測するのである。

だが、はたしてそうだろうか。

二、「君が行き」歌は磐姫皇后の御作歌にあらず

万葉集巻二の相聞歌

万葉集巻二の冒頭の四首は次のようである。原文を掲げる。

難波高津宮御宇天皇代　大鷦鷯天皇　謚曰仁徳天皇

磐姫皇后思天皇御作歌四首

君之行　氣長成奴　山多都祢　迎加将行　待尓可将待

右一首歌山上憶良臣類聚歌林載焉

如此許　戀乍不有者　高山之　磐根四巻手　死奈麻死物呼

在管裳　君乎者将待　打靡　吾黒髪尓　霜乃置萬代日

秋田之　穂上尓霧相　朝霞　何時邊乃方二　我戀将息

しばらく、通説の代表格として、日本古典文学体系「万葉集」(岩波書店)から歌だけの訓読

と大意とを参考に挙げる。

85　君が行き日長《け》くなりぬ山たづね迎へか行かむ待ちにか待たむ

（大意）わが君のお出ましは日数長くなりました。山にお迎えに行こうかしら。それともここに待ちこがれていようかしら。

86　かくばかり戀ひつつあらずは高山の磐根し枕きて死なましものを

（大意）こんなにも恋い慕っていないで、高い山の岩を枕にして死んでしまったらよかったものを。

87　ありつつも君をば待たむ打ち靡くわが黒髪に霜の置くまでに

（大意）こうしていつまでも君を待っていよう。私のながくなびいた黒髪が白くなる時までも。

88　秋の田の穂の上に霧らふ朝霞何處邊の方にわが戀ひ止まむ

（大意）秋の田の穂の上に立ち込めている朝霞がやがて消えて行くように、どちらの方に私の恋は消えて行くだろうか。思いは凝って、晴れることがない。

磐姫皇后の歌ではない

解釈の問題点は後述することにして、右の四首の内容は明らかに心優しい女性の歌であり、記紀に描かれた磐之媛皇后の峻烈な性格とは決して相容れないものであることは明白だ。拙論「鶺鴒取らさね」で述べたように、磐之媛皇后は決して大鶺鴒天皇を恋い慕うような存在ではない。むしろ他の女性に熱を上げる大鶺鴒を軽蔑し、忌避する傾向すらある女性として描かれている。仁徳紀では最後は「天皇の八田皇女への愛を怒り、三十年九月山城の筒城宮に去り、行幸があっても面会せず、三十五年六月同宮で薨去した」のである。したがって、記紀を背景にした場合には、四首の詠み人を磐之媛皇后とすることには固より無理が目立つのである。

万葉集自体にも右の四首の作者が磐之媛皇后であることに疑問を抱いた節が見られる。八八番歌の次にこうある。

或る本の歌に曰はく

89 居明かして君をば待たむぬばたまのわが黒髪に霜はふれども

右一首、古歌集の中に出づ。

古事記に曰はく、輕太子、輕太郎女に奸く。故に、その太子を伊豫の湯に流す。この時、衣通王、戀慕に堪へずして追ひ往くときの歌に曰はく

90 君が行き日長くなりぬ山たづの迎へを往かむ待ちには待たじ　此云山多豆者、是今造木者也

左注では、「右一首の歌、古事記と類聚歌林と説ふ所同じからず。歌の主もまた異なり。」としている。さらに『日本紀』から磐之媛皇后と軽太娘皇女の記事を引用するが、結局、「今案ずるに二代二時此の歌を見ず。」と断定している。『新撰万葉集』を編纂したと目される菅原道真公も「今案注」に見られるように、『古万葉集』において先の四首の作者が磐之媛皇后であることに大いに疑問を感じていたらしい。

先人の見解とわが拙論「鶊鶬取らさね」の結論から見ても、「君が行き」歌は、峻烈な性格の磐姫皇后の御作歌では決してあり得ない。

三、「君が行き」歌は誰の御作歌か

磐姫皇后の歌は誰に仮託されたか

この四首については、通説においても、「歌風や四首の構成から見て、（磐姫）皇后の作でなく、伝誦歌が皇后に仮託されたものと思われる。」（日本古典文学大系）とある。『萬葉集注釋』（澤瀉久孝）でも「遙かに後の作が皇后の御作に假託せられたものと思はれる。」と推測されている。『萬葉集注釋』はさらに、四首についての【考】の中で、「かたがたこの作は仁徳天皇の御代頃まで溯り得るものではない。」とか、「かうした類歌の多い作者不明の作の一つが、傳誦の間に前の作と連作の形をとつて皇后の作と假託せられたものである。」とかの判断がなされている。

そこで、碩学の見解を尊重しつつ敢えて異を唱えるなら、この四首は、「本来、誰に仮託された連作か」ということに尽きよう。

もはや磐姫皇后に仮託されたものでないことは明白だ。また、仁徳紀が捏造した「八田（皇女）皇后」でもあるまい。その時、この連作の作者として最も相応しいのは、拙論「真実の仁徳天皇」で抜き出した「髪長媛皇后」であろう。「民のかまど」説話すなわち聖帝伝説の真の主人公は「宇治天皇」であり、宇治天皇が太子時代に伴侶として得たのが「髪長媛皇后」に他ならないとした。雨漏りのする「宇治の宮」で三年も苦労を共にされ、宇治天皇の二度目の国見の時、天香山に御登りになるのを「春過ぎて夏来たるらし白妙の衣乾したり天の香具山」の歌を詠んで見送られた心優しい皇后であると断じた。最も決定的な証と思われる、国見の後のエピソードが日本書紀にはある。私の復元したものを再掲する。

（宇治天皇）三年の夏四月に、天皇、香山に登りまして、遠に望みたまふに烟氣多に起つ。是の日に、皇后に語りて曰はく、「朕、既に富めり。更に愁無し」とのたまふ。皇后、對へ諮まうしたまはく、「何をか富めりと謂ふ」とまうしたまふ。天皇の曰はく、「烟氣、國に滿てり。百姓、自づからに富めるか」とのたまふ。皇后、且言《また》したまはく、「宮垣壞れて、脩むること得ず。殿屋破れて、衣《おほみそ》被《おほみふすま》露《つゆにしほ》る。何をか富めりと謂ふや」とまうしたまふ。天皇の曰はく、「其れ天の君を立つるは、是れ百姓の爲になり。然れば君は百姓を以て本とす。是を以て、古の聖王は、一人も飢ゑ寒ゆるときには、顧みて身を責む。今百姓貧しきは、朕が貧しきなり。百姓富めるは、朕が富めるなり。未だ有らじ、百姓富みて君貧しといふことは」とのたまふ。

このエピソードこそ、「真実の仁徳天皇」たる宇治天皇とその良き理解者たる髪長媛皇后との会話であると推断した。これほど仲睦まじい天皇と皇后に突然不幸が訪れる。髪長媛の美貌に眼の眩んだ、好色且つ残忍な大鷦鷯皇子が終に宇治天皇を弑するのである。言わば、「大鷦鷯の乱」が出来したのである。これは、拙論「真実の仁徳天皇」で述べ来ったことであり、今回、県神社の「暗闇祭り」の「梵天解体」に見出した歴史事実である。

したがって、萬葉集巻二の冒頭部の四首は、大鷦鷯の乱とも云うべき歴史事実を背景にして、宇治天皇の崩御後に残された髪長媛皇后に仮託して詠まれた連作と推測されるのである。そう推測した時に、この連作に込められた、後世の人々の真意が見えてきたのである。

四、「君が行き」歌の新解釈

君が行き日《け》長くなりぬ山たづね迎へか行かむ待ちにか待たむ

（大意）わが君のお出ましは日数長くなりました。山にお迎えに行こうかしら。それともここに待ちこがれていようかしら。

髪長媛皇后に仮託された歌であるなら、「君」は当然のことながら宇治天皇すなわち真実の仁徳天皇を指すことになる。「行き」は萬葉集注釋に「『吾行者久にはあらじ』（三・三三五）、『君之往もし久ならば』（十九・四二三八）などの『ゆき』と同じく、體言に用ゐられたものである。」との訓釋があり、口譯に「君のみゆき」とある。もちろん、「宇治天皇の行幸」である。いつ、どこへの行幸かといえば、私がすでに拙論の中で解き明かしている。

宇治天皇の高山行幸

「高山」への行幸である。現在の行橋市入覚にある「幸《こう》ノ山《やま》」のことである。難波高津宮跡と思われる五社八幡神社には何度か訪れた。その向かいにあるのが幸ノ山だ。五社八幡神社に三度目に訪れた時のことだったか、神社の石段の下に少しばかりの広場があり、そこに小学生が数人遊んでいたことがある。向かいの山の名を知っているかと聞いたら、彼らは「みゆきの山」だと答えた。「誰か天皇が来たの?」と聞いたら、すかさず、「うん、景行天皇が土蜘蛛退治に来られたんだよ」との返事。驚いて、「誰に教わったの?」と聞いたら、「椿市小学校の校歌に歌われているよ」との返事にまた驚いた。この後、彼らに校歌を歌ってもらい、それをビデオに収めて帰京したことがある。それからしばらくして、「真実の仁徳天皇」を書き上げたのだが、さすがに、この時は「幸ノ山」の本来の由来に気付いていなかった。私の追究から云えば、これは確かに「宇治天皇の幸《みゆき》ノ山」であり、しかも生前における最後の国見なさったところの山なのであった。

幸ノ山（行橋市入覚）

古事記の聖帝伝説に次のようにあった。

是に天皇、高山に登りて、四方の國を見たまひて詔りたまひしく、「國の中に烟發たず。國皆貧窮す。故、今より三年に至るまで、悉に人民の課役《えつき》を除《ゆる》せ。」とのりたまひき。是を以ちて大殿破れ壊れて、悉に雨漏れども、都かつて脩理すること勿く、械《はこ》を以ちて其の漏る雨を受けて、漏らざる處に遷り避けましき。後に國の中を見たまへば、國に烟滿てり。故、人民富めりと爲ほして、今はと課役を科せたまひき。是を以ちて百姓榮えて、役使《えだち》に苦しまざりき。故、其の御世を稱へて、聖帝の世と謂ふなり。

傍線部にあるように、宇治天皇は二度、香具山に登られ国見をなさった。仁徳記では、原文「高山」を「高き山」と江戸期以来誤読してきた。これを私は「高山」とし、万葉集一三番と同じく、「かぐやま」と訓読すべきだと判断した。ここから、万葉集二番歌と仁徳紀との関わりを論証し、終に宇治天皇の三年四月の二度目の「香山に登りて望國なさった」歴史事実を抽出した。同時に髪長媛皇后の「春過ぎて」の歌も再確認した。

だが、ここにはもう一つの奥深い謎が隠されていたようだ。それは宇治天皇の三度目の国見である。そここそが、「高山《たかやま》」であり、大鷦鷯の難波高津宮のすぐ向かいの山なのである。恐らく、大鷦鷯が宇治天皇殺害を企んで、三度目の国見に招いた山なのであろう。人の善い宇治天皇はその招きを疑うこともなく、比良の新宮殿での人民と共に「難波の春」を寿いで間もなく、高山に行幸されたらしい。宇治天皇四年（四〇九）正月のことと今までは考えていた。が、県神社の「暗闇祭り」の伝承に拠って、陰暦夏五月に高山に登られたらしいと考え直した。

高山での悲劇

最悪の悲劇は、恐らく比良の宮へ還御なさる途中、陰暦五月五日の深夜に起こったようだ。

その夜、難波高津宮周辺の人々は大鷦鷯の兵らの命令ですべての灯火を消し戸を閉ざし、あたりは水を打ったような静かな暗闇となる。物音一つない暗闇の中を大鷦鷯の兵らが、這うようにして宇治天皇の御宿舎へと近づく。突然、御宿舎の扉が荒々しく音を立てて開け放たれる。宇治天皇の従者らが皆殺しに遭う。再び戻った静寂の中を、宇治天皇を載せた輿がゆっくりと難波高津宮の御殿の方へと向かう。宇治天皇はある建物の中に放り込まれ扉は閉じられ、その中で殺害された。(暗闇祭りの内容を改編)

それから何日が過ぎたのだろうか。比良の宮で宇治天皇の還御をお待ちになる髪長媛皇后に仮託されて歌は詠まれた。

【新解釈】

君之行　氣長成奴　山多都祢　迎加将行　待尓可将待

右一首歌山上憶良臣類聚歌林載焉

大鷦鷯皇子に誘われ申し上げなさって、わが君は高山に国見をなさりに行幸遊ばされました。その行幸の日数があまりに長うなりました。わが君の御身に何かあったのか心配でなりません。高山を訪ねてお迎えに上がりましょうか。それともご無事を信じて、ここ比良の宮でじっと我慢してわが君のお帰りをお待ちしましょうか。どうか、ご無事にお帰りくださいませ。

五、「かくばかり」歌の新解釈

髪長媛皇后の願いも空しく、宇治天皇は帰らぬ人となってしまわれた。その訃報が皇后の元に届いたという想定に立って、次の歌は詠われているようである。

かくばかり戀ひつつあらずは高山の磐根し枕きて死なましものを

（大意）こんなにも恋い慕っていないで、高い山の岩を枕にして死んでしまったらよかったものを。

まず、明らかな間違いは「高い山」との解釈である。「高山」は地名であり、今日の「幸ノ山」のことを指すことはもはや明確だ。萬葉集注釋には「これほどに戀してゐないで、高山の岩根を枕にして死にませうものを。」と口語訳してある。「高山」については特に何も論じていない。

「ずは」の用法

次に、萬葉集注釋は「戀ひつつあらずは」の「ずは」について、詳しく「訓釈」を施している。そこに、左記のような論考が引かれている。解釈に必要な意見を抄録しながら引用する。

《本居宣長「んよりはといふ意也」（言葉の玉のを七の巻）
橋本進吉「ただ『寧』といふ語を添へて解釋すれば、…」「奈良朝語法研究の中から」（國語と國文學第二巻第一號、大正十四年一月『上代語の研究』所収）
大岩正仲「奈良朝語法ズハの一解」（國語と國文學第十九巻第三號、昭和十七年三月）
濱田敦「上代願望表現について」（國語と國文學第廿五巻第二號、昭和廿三年二月）、「肯定と否定」（國語學第一輯、昭和廿三年十月）
吉永登「口譯としては『んよりは』によるべき事…」「奈良朝特殊語法『ずは』について」（國文學第三號、昭和廿六年二月）》

これらの論考をまとめた上で、澤瀉久孝博士はこう説明された。
《なる程意譯としてはさういふ感がせられるが、ともかく萬葉集では「ずは」と「ゆは」「よりは」との兩様の表現法が行はれてゐるので、兩者の間に區別があつてよい。私は先年、この「は」は詠嘆の意の強いもので、口譯すれば「何々しないでサ」といふ風に云へば、「寧」といふ語を補ふ事なく、しかも言外に『よりは』の餘意が感じられるのではないか、といふ事を述べた事があつた（昭和十四年秋、京都大學月曜講義、『萬葉雜記』所収「餘情」）が、ともかく、餘意としては「いつその事」とか「まゝよ」とかいふ思ひ入つた歎きがこめられてゐると考へられる。（後略）》
これらから、「戀ひつつあらずは」を「恋い慕い続けていないで、いっその事」というように解釈するのが最適と考える。

【新解釈】
如此許　戀乍不有者　高山之　磐根四巻手　死奈麻死物呼
このように薨去なさったわが君を恋い慕ってばかりいないで、いっその事、わが君が最後に行幸なされた高山まで行き、その高山の岩根を枕にしてわが君の後を追って死にましょうものを。

髪長媛皇后が宇治天皇の訃報を知り、その後を追って、一旦は死を覚悟された歌となっている。

六、「ありつつも」歌の新解釈

髪長媛皇后の悲劇

一旦、自死を覚悟された髪長媛皇后をさらなる悲劇が襲う。大鷦鷯天皇の「妻争い」である。皇后は、宇治天皇の薨去後、大鷦鷯天皇の「又妃」とされてしまうのである。万葉集十三番歌と仁徳紀の歌謡がそれを明かす。

高山は　畝火を愛しと　耳梨と　相争ひき　神代より　此くにあるらし　古も　然にあれこそ　虚蝉も　孀を争ふらしき

高山（男＝大鷦鷯）は畝傍山（女＝髪長媛）を愛しいと思い、耳梨山（男＝宇治天皇）と争った。神代からこうであるらしい。昔もそのようであるからこそ、現世の人の世でも（他人の）妻を争うらしい。

道の後　古波儾嬢女《こはだをとめ》を　神の如　聞えしかど　相枕枕く

遠い国の古波儾嬢女（髪長媛）は恐ろしいほど美しいと噂が高かったが、今は私（大鷦鷯）と枕をかわす仲になった。

道の後　古波儾嬢女　争はず　寝しくをしぞ　愛しみ思ふ

遠い国の古波儾嬢女が、逆らわずに一緒に寝てくれたことをすばらしいと思う。

髪長媛皇后の覚悟

「真実の仁徳天皇」を書き上げたとき、最も不可解だったのが、髪長媛皇后が好色かつ残忍極まりない、しかも夫の仇とも云うべき大鷦鷯にさしたる抵抗もせず、どうして身を任せたのかという点だった。

その解答がこの歌にあったようだ。一旦は自死を覚悟された皇后は、このまま自分も死んでしまえば、最愛の宇治天皇の死の真相が隠されてしまうとお考えになったのであろう。それどころか、宇治天皇の最大の業績すなわち香具山からの国見と三年の課役免除の仁政とがあるいは歴史から消されるかもしれない。皇后は多分そう考えられたに違いない。

事実、平安時代にすでに半ば忘れられ、江戸期の国学以来、二十一世紀初めの私が解き明かすまで、誰一人として「聖帝伝説」の真の主人公に気付いていなかったではないか。宇治天皇の業績も死の真相も完全に忘却されていたのである。

そのことを髪長媛皇后は深く懼れられた。後世に何とか宇治天皇の業績と夫の無念とを伝えたい。そのお気持ちが寿命の尽きるまで生き抜くことを決意させたのではなかろうか。そうして、後世の人々が皇后のお気持ちを忖度して、連作四首を詠んだのではなかろうか。それらが万葉集巻二の相聞歌に結実したと私は見る。

ありつつも君をば待たむ打ち靡くわが黒髪に霜の置くまでに

（大意）こうしていつまでも君を待っていよう。私のながくなびいた黒髪が白くなる時までも。

【語釈】

「ありつつも」の語釈は、例えば、萬葉集注釋でも「ありありても、このまゝで變らずにありつゝも、の意。」とされている。が、この解釈はもはや当たらない。「あり」は普通の古語辞典（旺文社）でも、①存在する。②生きている。生存する。③生活する。住む。④その場にいる。そこにある。居合わせる。⑤過ごす。経過する。⑥持っている。⑦すぐれている。（⑧以下略）などの意味がある。この歌の場合はもちろん「②生きている。生存する。」の意味である。

次に、「つつ」も同古語辞典に、反復（…し、また…する）、継続（…し続けて）、複数者の同時の動作、とあり、基本義として「その動詞の表わす動作・作用が時間的・空間的に一度でなく何度も行われる意を表わす。時間の経過に伴って断続すれば『反復（くり返し）』になり、区切れなくつづけば『継続』、同時に行われれば複数主語の動作・作用になる。『…しては、…して』」と説明してある。この歌の場合は、明らかに「継続（…し続けて）」の意である。

【新解釈】

在管裳　君乎者将待　打靡　吾黒髪尓　霜乃置萬代日

いいえ、わが君のご無念を思えば、生き続けてでも、寿命の尽きる時に黄泉の国から私をお招きくださるであろうわが君をばお待ちいたしましょう。今はなよなよと打ち靡く、私のこの黒髪が白くなるまで、遠い先の日までわが君を恋い慕い続けてお待ち申し上げます。

特に五句「霜乃置萬代日」の傍線部の万葉仮名の使い方が絶妙である。新解釈に示したとおり、髪長媛の黒髪に霜の置く日が相当先の日であることを臭わせ、同時に宇治天皇の業績と死の真相を萬代先の日に伝えんとする皇后の決意を表現したと思われる。

七、「秋の田の」歌の新解釈

連作の構成

三首めまでの新解釈を施したら、連作四首が唐詩の律詩に見られる「起承転結」の構成を採っていることも見えてきた。

君が行き日長くなりぬ山たづね迎へか行かむ待ちにか待たむ

㊊宇治天皇の高山からのご還御が遅いのを不安にお思いになる。

かくばかり戀ひつつあらずは高山の磐根し枕きて死なましものを

㊟承宇治天皇の突然の死を嘆き悲しみ、共に身罷ろうとされる。

ありつつも君をば待たむ打ち靡くわが黒髪に霜の置くまでに

㊟転宇治天皇の死の真相を知り、一転して生き続けることを決意される。

秋の田の穂の上に霧らふ朝霞何處邊の方にわが戀ひ止まむ

㊟結宇治天皇への愛情を抱き続けながらも、自らの暗い運命を嘆かれる。

萬葉集は明らかに中国文学の影響を色濃く受けた文学である。その考えが歌の解釈にはなかなか生かされない。萬葉集注釋でも右の四首の構成は「右に述べ來つたやうに、第一首をうけて第二首の興奮があり、第三首の反省があり、その兩首の心を更に收めて第四首のやる方なきなげきを以つて結んだので、首尾一貫した連作の形になつてゐる事が十分に認められよう。」と書かれている程度である。特に第三首の解釈ははなはだ弱弱しい結果に終わっている。

結びの歌

そして、結びの一首の解釈もなかなかに難しい。

秋の田の穂の上に霧らふ朝霞何處邊の方にわが戀ひ止まむ

（大意）秋の田の穂の上に立ち込めている朝霞がやがて消えて行くように、どちらの方に私の恋は消えて行くだろうか。思いは凝って、晴れることがない。

萬葉集注釋の解釈も挙げておこう。

《【口譯】秋の田の穂の上にかかつてゐる朝霧のやうな胸中、その霧はいつか、片方に晴れてゆくが、さ霧のまん中に閉ぢられたやうな我が戀心はいつやむ事であらうか。》

先ず通説では、「秋の田の穂」に、今日まで何の注意も払われていない。拙論「真実の仁徳天皇」においては、百人一首の一番歌との関わりを論じた。

秋の田のかりほの庵のとまをあらみわがころもでは露にぬれつゝ

【新解釈】
秋の田の稲穂を刈り、その藁を苫に編み、仮廬のようなわが宮殿の屋根を葺くが、苫の目が粗いので時々、わが袖は漏れ来る雨露に濡れることだ。それでも、朕は民の暮らしが豊かならんことを願う。

『後撰集』に天智天皇の御製歌として採られているが、宇治天皇の「聖帝伝説」がモチーフになっていることは疑えない。あるいは、宇治天皇の死後、「秋の田の」歌とほぼ前後して、宇治天皇に仮託して詠まれた可能性をも考えている。そうであれば、髪長媛皇后に仮託された「秋の田の」歌は、最愛の宇治天皇との三年間、雨漏りのする宇治の宮で深い愛情と深い信頼に結ばれていた、あの幸せな時間を思い出されているという想定に立って詠まれているものと思われる。この点だけは、万葉集成立以後初の見解であろう。

【語釈】

他に、萬葉集注釋の訓釋に、「朝霞」と「何時邊の方に我が戀やまむ」についての説明が施されている。後者は三ページに及ぶ長文のため、抄録する。

《**朝霞**―春には霞、秋には霧といふのが通例であるが、當時には二三例外がある。（後略）》

《**何時邊の方に我が戀やまむ**―原文「何時邊乃方二」とあるを考にイヅベノカタニと訓み「何れの方と云也」と云つて以來、諸注これに從ひ、「邊」をへと清むものと然らざるものとに別れたが、「何時」をイヅと訓んで、考の解釋に從つてゐる點では一致してゐると云つてよい。然るに代匠記には「イツ邊ノ方ニ」とし、「邊ノ方トハ、渺々ト見エ渡ル田ノ、其カタハラナリ」と解し、「霞ハ、カタヘニ晴行コトモアルヲ、イツカ、我モソノゴトク、胸ノ晴テ戀ノ止ンゾトナリ」と釋してゐる。即ち「何時」はその文字通り時間に、「邊乃方」は場所方角に、解いた。（この後、野中春水「『何時邊乃方』考」（万葉第八號、昭和廿八年七月）の所論が引用されている。）

從來の一句全體を場所的に解釋する說に対して一句全體を時間的に解釋するといふ事は、徹底した新見のやうであるが、「いつ　へ　の方」を全部時間と見る事は實證の無い事であり、これはやはり代匠記の說そのまゝへ復歸すべきではなからうか。**「何時」は時である。「邊の方」は所である。**「邊」は「奥見者　跡位浪立　邊見者　白浪散動」（二二〇）の「邊」である。奥（沖）と相對して用ゐられる場合が多いが、「風高　邊者雖吹」（四・七八二）、「大海　方往浪之」（十・一九二〇）などの如く「邊」とだけ用ゐられる場合もある。**雲や霧を海にたとへる事は古今東西に例のある事であるが、その霧のさ中を「おき」と呼び、次第に薄れゆくはてを「へ」と呼ぶ事は十分考へられる事である。**代匠記に「田ノ其カタハラナリ」とあるは少し適切を缺いて誤解のおそれがある。霧の消えはてるところである。**即ち朝霧のいづこをはてとも知られぬやうに立ちこめてはゐるが、いつかはしの方へ流れゆきて晴れ渡るやうに、といふのである。と同時にあやめもわかぬ戀のさ中を「おき」にたとへ、戀のはつるところを「へ」にたとへる事も認められるところだと思ふ。即ち戀のやむ彼岸が「邊の方」である。**「いつ」は戀のやむ時であり、「への方」は戀のやむ状態である。その二つをうけて「我が戀やまむ」と云つたと見るのである。たゞその二つに分けたところ、やゝ小きざみに過ぎ、特にこの一首のおほらかな聲調にふさはない難があるやうに見える。「いついづこへ」といふ風な意であればまだよい。「いつ」と云つて「邊の方」とことわつたところに難があるとも見られよう。その點なほ考慮の餘地があろうと思ふが、從來の如く一句全體を場所方角に見ればこそ、井上氏新考の如く「將息」は「將遣」の誤といふ疑も起るのであり、右の如く見れば四五句の結びつきは極めて順調になる。集中「おもひ」を「やる」と云つた例はあるが、「戀」を「やる」と云つた例はない。「戀」に「なぐ」とあるもの二例、「盡す」とあるもの六例、「やむ」とあるもの十七例。今はその最も用例の多い「やむ」が用ゐられたものと見るべきである。さてその「やむ」といふのは思ひが遂げられて戀が消えるといふのか、たゞ思ひ忘れるといふのか、作者はそこまでは云つてゐないのである。》（太字は福永）

右のように、萬葉集注釋の訓釋は語法上の解釈としては最高峰に位置しよう。特に、太字を施した箇所を新解釈に活かそうと思う。したがって、同書の口譯をベースにし、そこに、私の新知見を加えていこうと思う。

【新解釈】

秋田之　穂上尓霧相　朝霞　何時邊乃方二　我戀将息

秋の田の刈穂を屋根に葺いて、わが君と雨漏りのする宇治の宮で過ごした幸せな三年間が思い出されてなりません。わが君の亡くなられた今年の秋の田の穂の上にかかっている朝霧のように悲しみに沈んだ我が胸中、朝霧はいつか、片方に晴れて行きましょうが、狭霧のまん中に閉じられたような私の恋心は、いつどこでやむことでしょうか。それはきっと、私の寿命の尽きる時、わが君と彼岸で再会し申し上げるときのことでしょう。その日まで私は幾多の苦難をも耐え忍びましょう。

おわりに

万葉集巻二の冒頭の相聞歌は髪長媛皇后に仮託された、悲劇的な絶唱であった。結局、「難波高津宮御宇天皇代」の標題だけが正しかったのである。割注も「大鷦鷯天皇」のみ正しく、「謚曰仁徳天皇」という部分こそが後世の最大の過誤であった。萬葉集注釋においても、「金澤本、元暦本等の古寫本にはすべて『大鷦鷯天皇』の下につゞけて『謚曰二仁徳天皇一』とある。巻一の標題の場合同様『大鷦鷯』以下すべて後の注記かと思はれる。」と記されている。この論の途中で述べたごとく、平安時代に菅原道真公が「現存する萬葉集」を編まれた時点で、すでに宇治天皇と髪長媛皇后の悲劇は早くも忘れられつつあったのだ。

ところが、政治史の上でこの悲劇を何とか後世に遺そうと力を尽くした人々が存在したようだ。

先ず、菅原道真公である。宇多天皇から醍醐天皇の御代にかけて、『類聚国史』を著わし、『新撰萬葉集』(現存する萬葉集)・『続萬葉集』(再編集されて古今和歌集となった)を編纂した。『新撰萬葉集』は政敵藤原時平の手に落ちた。だが、次に、その序文は道真の弟子、紀長谷雄が保管し、ダミーの『新撰萬葉集』を編纂したのではないかとした。(新・古代学第四集所収「『万葉集』成立の新視点」新泉社)続いて、長谷雄の長子淑望は紀貫之の養子となり、淑望は古今和歌集真名序を、貫之は古今和歌集仮名序を書いたのである。

拙論「真実の仁徳天皇」は彼らの或いは書き残した作品や、或いは編纂した歌集から、私が抜き出し得た歴史事実を紡ぎあげた結果の代物にしか過ぎない。萬葉集はもちろんのこと、古今和歌集両序から「難波津」歌の「そへ歌」の真相をも暴き得たのである。

彼らは藤原氏全盛の蔭に不遇をかこった人々ではあるが、文学の世界や史書の世界で、消されかけた幾多の悲運の人物の歴史事実をぎりぎりのところで救い出し、後世に遺した偉人達だったのではあるまいか。

福永晋三（ふくなが　しんぞう）
昭和27年（1952）生。福岡県出身。
國學院大學文学部中国文学科卒業。
現在、東京都立第五商業高校教員。
國學院大學中国学会会員。東アジア
比較文化国際会議日本支部会員。
「神功皇后紀を読む会」主宰。

真実の仁徳天皇　倭歌《わか》が解き明かす古代史

2015年5月10日　初版第1刷発行 ©

定価はカバーに表示してあります

著 者　福 永 晋 三
発行者　米 本 慎 一
発行所　不 知 火 書 房

〒810-0024　福岡市中央区桜坂 3-12-78
電 話　092-781-6962
FAX　092-791-7161
郵便振替　01770-4-51797
制作　鶴田 純
印刷・製本／モリモト印刷

落丁本・乱丁本はお取替えいたします　Printed in Japan

ISBN978-4-88345-103-6　C0021

好評既刊・近刊予告（本のご注文は書店か不知火書房まで）

百済の王統と日本の古代　〈半島〉と〈列島〉の相互越境史　兼川　晋　2500円

「倭国」とは何か　Ⅱ　古代史論文集　九州古代史の会編　2500円

悲劇の好字　金印「漢委奴国王」の読みと意味　黄　當時　2200円

魔境マットグロッソ　アマゾン・ラプラタ分水嶺　平島征也　2800円

神功皇后伝承を歩く（上・下）　福岡県の神社ガイドブック　綾杉るな　各1800円

宮地嶽神社と筑紫磐井の末裔たち　巨大古墳と九州王朝の謎　綾杉るな　近　刊

太宰府・宝満・沖ノ島　古代祭祀線と式内社配置の謎　伊藤まさこ　1800円